国际中文教育教学案例分析

李　锵　杨爱芬　马知遥　主编

天津大学出版社
TIANJIN UNIVERSITY PRESS

图书在版编目(CIP)数据

国际中文教育教学案例分析 / 李锵, 杨爱芬, 马知遥主编. -- 天津 : 天津大学出版社, 2023.9
ISBN 978-7-5618-7592-6

Ⅰ. ①国… Ⅱ. ①李… ②杨… ③马… Ⅲ. ①汉语－对外汉语教学－教案(教育) Ⅳ. ①H195.3

中国国家版本馆CIP数据核字(2023)第174404号

国际中文教育教学案例分析
GUOJI ZHONGWEN JIAOYU JIAOXUE ANLI FENXI

出版发行 天津大学出版社
地　　址 天津市卫津路92号天津大学内(邮编:300072)
电　　话 发行部:022-27403647
网　　址 www.tjupress.com.cn
印　　刷 北京盛通数码印刷有限公司
经　　销 全国各地新华书店
开　　本 710 mm×1010 mm　1/16
印　　张 14
字　　数 267千
版　　次 2023年9月第1版
印　　次 2023年9月第1次
定　　价 56.00元

前　言

本书编写团队经过数年的准备，收集了国际中文教育教师和学生的一线教学案例，并对这些材料进行分类，对每个案例进行点评。如何在教学和学习中有效规避可能出现的问题？如何应对可能发生的问题？怎样改变教学和学习中的不当行为和方法？如何提升教学水平，帮助学生减少失误？本书可以提供一些参考。

本书将案例分为“课堂教学篇”“教学组织与教学管理篇”“线上教学管理篇”“中国文化推广与跨文化交际篇”四大类别，基本包含了教学中可能出现的问题。每个案例之后都有精彩的分析，由案例提供者从自身实践出发，从教学工作者、学习者视角提出改进办法或解决之道，基本形成了由感性到理性总结，由特殊到一般规律认识，让文本具有了内在的互动性，吸引读者结合自己的经历，对照案例举一反三，进行有意识的补充或提出自己的见解。从某种意义上说，本书是不完善和开放的，需要更多的读者，尤其是教师和学习者加入编者队伍中来，不断提出更多更新的相关案例，进而形成资源库，为以后“国际中文教育教学案例大全”的编撰提供更多资料。

本书是天津大学多年国际中文教育典型案例的合集，希望能在今后的教学中对老师和同学们有所帮助和启发，同时也希望有更多的老师和同学加入案例库的建设中来，为国际中文教育的发展尽一份力量。

编者

2023 年 8 月 25 日于天津

目录 CONTENTS

课堂教学篇

不要小瞧"说明纸"

案例类别：汉语教学类　　**地区：**斯洛伐克

汉语水平：初级　　**课型：**综合课

对象：斯洛伐克（尼特拉）农业大学学生　　**作者：**张长会

案例描述

如何让自己的课更"understandable"，这是每位老师都在认真思考并努力探索的一个问题。学生懂老师在说什么，知道老师要干什么，这是最基本的。老师跟学生"沟通"的顺畅程度，不但关系到老师上课的具体感受，更关系到学生对课程和老师的接受度。所以，老师想方设法让学生"understand"非常重要。如何呈现自己想要传达给学生的内容，考验着每位老师的智慧。

在一次课上，我带领学生操练介词词组"在"做状语，学生虽然能跟着朗读，似乎也明白句子表达什么意思，但是，当我让学生总结一下这个语言点的 pattern 的时候，很多学生仍然不假思索地说出"……verb+【在+place】"这样的结构，因为在他们的语言中，介词词组置于动词后是优选方案。我提醒学生再看看例句，他们才说出"……【在+place】+verb……"这个正确的表达式。当我用英语 adverbial preposing 给学生解释以后，很多学生对这个英文术语十分陌生。我马上换成更口语化的英文解释，告诉他们，"在+location word"应该 be **placed** before action。请注意，location 和 place 有一些相通之处，这个英文解释里，既有名词性的 location，也有学生相对不熟悉的动词性的 to place，加之我的发音也没那么清楚准确，学生对我说的这句更加口语化的英文讲解更加不明所以，又问我 location 和 place 在这里不一样吗？可见，他们没有完全理解。当我想借助板书把这个英文解释"可视化"的时候，突然发现板书的相应位置又没有预留空间，只能把别的关键内容擦掉，再补充这个内容。这个过程不算繁难，但却出乎意料地占用了不少时间。从那以后，每次备课的时候，对于那些重点难点问题我都尽量提前"可视化"，特别是涉及英文解释的时候，更是要总结出一些关键表达，提前打印好，上课的时候一边“说”一边让学生“看”，以免造成误解。这些“可视化”的说明纸可以反复利用，特别是在提醒学生方面非常便利。

案例分析

课堂教学过程中，解释性语言必不可少。零起点班的汉语教学，一般会用英语这门中介语去解释一些内容。对于不以英语为母语的教师和学生来说，无论是说英语还是听英语，都不是那么便利。简单的内容易于传达和说明，越是繁难的内容，越具有挑战性，但这一过程又不可避免。所以，高效、有效地将知识传达给受众，是对每位老师的考验。有的老师对自己的英语很自信，张口即来，但下面的受众可能并不完全清楚老师所云，特别是比较专业的表达。所以，将授课内容，尤其是抽象性内容尽量“可视化”是化解这一困局的易行且有效的办法。大部分老师会使用 PPT 将授课内容可视化，这是最便利的，但不可能所有内容都用 PPT 来展示。板书是另一种常用的可视化方式，但有时书写板书会占用一定时间，而且不一定那么醒目。除了这两种习见的方式以外，提前备好“说明纸”很值得一试。

说明纸，顾名思义，就是起到说明或者解释作用的纸张。备课时，提前将本次课可能遇到的那些繁难的，同时又很关键的内容打印在 A3 或者 A4 纸上，有时可以根据情况选择彩色打印或者用彩纸打印。这样做，一方面会使得要展示的内容清晰明了，可以随便对其中某些内容进行突出或者加强显示；另一方面，学生会对老师不同的展示方式充满好奇和期待。更关键的是，某些说明纸能起到操练指挥棒的作用：老师不用任何说明性语言，只需动一动手中的说明纸，学生就能领会老师的意图。说明纸最主要的作用是辅助老师进行说明和解释，所以展示在说明纸上的内容一定要简洁、清楚、有力。老师在口述一段说明性文字时，可以将说明纸出示给学生，遇到关键处要加以强调。学生可能不太懂老师口头说的那一段话，但说明纸上的内容足以提示他、引导他甚至启发他去理解老师说的话。如果备好的说明纸能起到这样的作用，说明它的确奏效了。这种方式在语言教学的任何阶段都可以使用，尤其是起步阶段，可能会有意想不到的效果。

难过“拼音关”

案例类别： 汉语教学类	**地区：** 柬埔寨
汉语水平： 初级、中级	**课型：** 综合课
对象： 柬埔寨中学生	**作者：** 卢雪冬

案例描述

我在 2017 年 6 月大学毕业后通过了汉语教师志愿者的选拔来到柬埔寨，有幸被分到东南亚最大华校——柬埔寨公立端华分校任教。之前就了解到柬埔寨中文教育历史悠久，端华学校更是名气很大，校风严谨，管理严格。听说在当地有了端华学校的毕业证，找工作会更容易，我想这里的学生一定差不了。

我教初中部一年级的中文课，并担任班主任，班里学生的年龄在 12~15 岁，汉语水平大概在 HSK 2~4 级。经过一段时间的教学后，我发现和学生的日常交流基本没问题，他们汉语说得不错，基础较差的学生也能和教师进行简单的对话。但是在第一次评测中，学生暴露出了我一直忽视的问题——拼音、声调。评测试卷第一道题如下：

一. 在（）里填写拼音或汉字　（共 10 分）

（ ）	mǎn	shuāi	（ ）	jì
好奇	充（ ）	（ ）倒	竟然	奇（ ）
qǔ	yāo	（ ）	jì	（ ）
（ ）亲	（ ）请	不幸	（ ）母	碎

很多学生拼音几乎全错。因为在平时课上教读的时候，学生的发音没有问题，所以我没有强调过拼音，这次考试让我大吃一惊，学生们不是声母韵母写错，就是标调错误。考试后我问学生小学是怎么学习拼音的，又从其他老师那了解到小学的老师几乎都是柬籍教师，没有系统教过拼音，只注重听、读和写汉字，而拼音少有

涉及。知道这个情况后，我在教学反思中针对拼音问题拟定了几项解决措施。

（1）每逢新课讲解生词时，明确告诉学生生词的声调是几声，并反复提问让学生明确声调概念。我会用夸张的手势提醒学生声调，纠正学生的错音，板书时也注重在汉字旁标上拼音。

（2）课前听写生词，拼音也是听写内容。

（3）课后作业不只写生词，把拼音也写上。

经过很长时间的努力，学生对拼音越来越重视，作文课上不会写的词也尝试用拼音写出而不是用英文。虽然考试中拼音题还是有错误，但比以前进步了很多，学生有了拼音和声调的概念和意识，我的汉语教学也顺畅了很多。

案例分析

和英语国家学生重视拼音、汉字认写能力较弱相反，柬埔寨的中文教育有自己的特点，汉字认写强于拼音书写。知道这个特点后，就要在教学上作出相应调整，补短板，固长板，帮助学生强化拼音学习的意识。

汉字该怎么教?

案例类别： 汉语教学类	**地区：** 中国
汉语水平： 初级	**课型：** 辅导课
对象： 多国别预科生	**作者：** 睢梦

案例描述

我曾在天津大学带过预科生的晚自习，在晚自习课堂上主要是帮助汉语零基础的学生巩固课堂上学过的知识。在将近一学期的课堂辅导过程中，我发现汉字对于留学生来讲，既是重点也是难点。在和老师交谈中了解到，对于汉语初学者来讲，文字阅读上的障碍可能会影响他们学习汉语的热情。结合老师的上课情况和我带的学生的学习程度，我把晚自习的教学重点放在了汉字的读写认上面。

一开始，学生的出勤情况不是特别好，经常有迟到的情况出现。此外，学生希望在课堂上可以用英语和我沟通，被我拒绝了。在严格强调了上课的出勤规定和一些课堂规则后情况逐渐好转。在教学过程中多使用鼓励的方法，哪怕学生有一点点的进步也要给予表扬，给他们的二语学习增加信心。

经过一段时间的摸索，我不断调整教学方法，将总体的教学方法固定为以下几个方面：

（1）留一部分时间给学生自己去读、记、写学习过的汉字（目标汉字）；

（2）教师准备汉字卡片，运用汉字卡片读认组词，巩固汉字；

（3）学生到黑板前写出与拼音相对应的汉字；

（4）下课前多次朗读黑板上的汉字。

在一系列的教学活动中，我发现不能一直盯着留学生的笔顺规范不放，否则既提高不了学习效率又会降低学生的学习热情。此外，留学生的汉字认读能力远远高于汉字书写能力，在书写汉字时也经常会出现遗漏笔画的情况。针对学生的这种情况，我选用标红的办法去提示学生重点记忆，但效果不是很理想，这是一直困扰我的问题，希望在今后的教学过程中能逐步解决。

案例分析

对于非汉字文化圈的学生来说，汉字是汉语学习的难点，甚至会成为后续汉语学习的一个障碍，扫除汉字障碍，对于提高学生中文阅读能力和书写能力非常重要，多练习是关键，也要找到更好的教学方法。

第一次当汉语老师

案例类别：汉语教学类	**地区：**蒙古国
汉语水平：初级	**课型：**口语课
对象：蒙古国小学生	**作者：**安和玛（蒙古国）

案例描述

三年前，我在蒙古国的一所小学做了一个月的实习生。我们班的学生们都是八九岁的孩子。班里一共有 20 多个学生。与国立学校相比学生比较少。他们都很积极，但是也比较调皮。我在听课时，发现他们的汉语水平参差不齐，有的学生已经通过了 HSK 3 级，有的学生还没有参加 HSK。还有他们的学习态度也不同，上课时，有的学生很积极，很认真，但有的学生很调皮，不做作业，不喜欢老师的批评。

我的第一堂汉语课是口语课。因为实习的要求，我准备了 PPT、一些卡片和材料。课程为两课时。

我的课程安排如下：首先，教师要引起学生的兴趣，问一些问题；其次，运用 PPT 讲解本课的重要内容，并领读；再次，让学生做课本上的练习题，并请学生朗读；最后，进行小总结，让学生用生词造句子，布置作业。

为了缓解紧张，我深吸了一口气，抱着自己准备的材料走进了教室。我点名之后，拿出卡片问了学生一些问题，“这是什么东西？”“你们喜欢玩儿游戏吗？”等等。然后我打开电脑开始讲解生词的意思。在讲解生词时，有一些生词让学生难以理解，所以我把中蒙翻译放在一起，加上了汉语的例句。我觉得这样可以帮助学生了解生词的意思。

因为我是第一次给他们上课，我又是比较年轻的教师，所以学生们回答问题的时候很积极，认真地听我讲的内容。但是我发现，如果教师讲的时间太长，学生的注意力就容易分散。为了让学生积极地参与后面的课程，我趁着休息时间，临时设计了新的教学活动。

第二节课上课铃响之后，我给他们留出了读课文的时间。五分钟之后，我把课文写在黑板上，擦掉了句子中的生词。让学生们四人一组，用黑板上的课文进行对话，但是不能看课本上的课文。完成对话的组可以获得小星星。

学生们很认真地完成了任务，获得了奖励。教学活动结束之后，我进行了小结。我用生词问学生一些问题，他们举手回答，效果还不错。最后为了巩固学习成果，我给他们留了造句的家庭作业。

案例分析

第一次上课，我没有教学方面的经验，所以有许多不足的地方。通过实习，我了解了蒙古国汉语教学的情况，也学到了很多知识。教师讲课时要注意学生的学习态度。课程要以学生为主，提高学生学习的自主性和独立性。教师要给他们创造更好的学习环境，同时也要提高自己的纠错能力。

我的巴西学生

案例类别： 汉语教学类	**地区：** 中国、巴西
汉语水平： 初级	**课型：** 一对一线上教学
对象： 巴西成年人	**作者：** 滑必成

案例描述

最近一段时间我在线上给一位巴西朋友做汉语家教。他是巴西华裔，母亲是广东人，父亲是巴西人，在家时很少能用到汉语，因此他汉语水平不高。他是一个对中国很有感情的巴西律师，想多了解一些中国文化，并希望能够拓展中国公司的业务，因此决定长期学习中文。

前段时间我们上课的内容是 HSK 3 级的词汇表，由于他工作很忙，所以我们每天会在巴西时间的十点半通过微信语音的形式展开汉语学习，先和他进行简单的交流，用简单的汉语聊一聊前一天发生的事情，大约七八分钟后开始进入认读单词的环节。经过前面一段时间的学习，他已经学完了整个单词表，目前正在从后往前复习，每天学习半个小时。

考虑到他年龄比较大、自尊心强，学习汉语的兴趣十分强烈，并且学习汉语的主要目的是在工作上与中国人进行社交（他的英语很好，可以和中国公司通过英语完成业务往来），所以我采取的教学策略是以鼓励教学为主。每天 30 分钟的教学时间很短，并不能进行多少实质性的教学，加上他有一定的汉语基础，不需要系统性地给他讲解语法知识。因此我的教学内容为依托单词表中的例句提升他的语感，纠正发音，并以例句为基础扩展一些中国生活层面的文化知识。

为了让他能够达成与中国人交流的目的，在每天七八分钟的聊天中，我增加了一些有目的性的、针对性的，将一些典型的中国人日常生活中的吃喝玩乐当作自己前一天做的事，在交流过程中介绍给他，带领他更好地了解中国。

案例分析

教学过程中面临着许多问题，其中最大的问题就是囿于时间限制，难以合理安排时间。在教学开头的几分钟内，是应当多锻炼学生的表达能力，还是让他了解更多的中国生活，并锻炼听力。另外就是在语法教学方面比较薄弱，例如在复习“要”的时候，他问了我“要”和“希望”的区别，我选择了其中相近的义项进行比较分析，并没有从词性、句法成分等角度入手，因此学生对汉语语法缺少系统性的认知，这会限制他之后的学习。因此在之后的教学中可以以当天的教学内容为基础，挑选一个小的语法点进行教学，带他简单地学习一下语法的相关知识。

我的第一堂汉语课

案例类别： 汉语教学类	**地区：** 中国
汉语水平： 初级	**课型：** 综合课
对象： 韩国大学生	**作者：** 贾艺聪

案例描述

大三时，我曾经在学校做过短期的中韩交流营志愿者。当时我的任务是教三位韩国学生学习简单的汉语。然而，面对着对中国文化几乎一无所知的韩国学生，我还是犯怵了。于是我主动请教了已经在交流营做过两年志愿者的陈同学，向他咨询应该如何开始我的第一堂课。陈很有耐心，他告诉我第一节课可以设计成自我介绍课，不要直接从汉语拼音或者汉字入手，而要用英语作为中介语或使用韩语来介绍彼此，在大家熟络后再顺其自然地开始汉语教学，这样也有利于打破大家心中“汉语是最难学的语言”这一固有观念。

于是我主动和跟我学汉语的三位韩国同学打招呼。我热情友好地介绍了自己的名字，并告诉他们今后可以叫我 Jia（或中文“贾”），在交流过程中我使用的都是英语。三位同学也都很有礼貌并且热情地回应了我，他们也分别用英语介绍了自己。之后我开始尝试教大家用汉语进行自我介绍，每次他们读对一个句子或者在我纠正后把汉字读音发清楚，我就会很开心，还会时不时地鼓励他们，向他们灌输“学习汉语并不困难”的观念。但在整个过程中，一旦我有说不清楚的时候，我就会立刻切换成英文和他们解释。快要下课前，三位同学用英语表达今天学得很开心，学到了如何用汉语打招呼，也感觉学简单的汉语没那么难。临走前一位同学和我开玩笑说，别最后结束时英语比汉语进步得还快。我尴尬地笑了笑，告诉大家做好准备，下次上课就不会总使用英语了。

案例分析

在我的第一节汉语课前，面对从来没有过的境况，我主动向前辈请教，并根据建议将第一节课设计成了自我介绍课。整个上课过程都是轻松欢快的，还迅速拉近了我和学生之间的距离，这对接下来的汉语学习很有帮助。

接着，我认识到有很多国外学生会对汉语有刻板印象，认为学习汉语非常困难，假如抱有这种心态，还没开始学汉语就已经在心理上给自己施压了。所以我会积极地给同学们心理暗示，告诉他们表现得很棒，吐字清晰，发音标准，学起来也很快，这样无形之中给大家树立起了学习汉语的自信心。

我作为一位初出茅庐的小将，刚开始接触韩国人内心也会有点恐惧，担心他们理解不了我说的话。于是我会使用中介语——英语进行对话。使用中介语对初次上课是有帮助的，因为刚开始对各自的语言都很不了解，用英语能迅速和对方联络起来，了解对方的有效信息。但后来我没有控制住使用英语的频率，整节课很多时间都在用英语交流，甚至在应该使用汉语的时候还在使用英语，这样就会导致教学目的逐渐偏离，也难免会让同学觉得不对劲。课后，我认真反思自己的第一节课，取长补短，在下节课前及时做出调整。

第一堂课

案例类别： 汉语教学类　　**地区：** 中国
汉语水平： 初级　　**课型：** 口语课
对象： 多国别预科生　　**作者：** 闫文丽

案例描述

上学期我在天津大学国际教育学院预科教育系担任留学生助教，学生来自不同的国家，刚刚学习汉语才几个月，上第一节课我和学生相互做了自我介绍，通过他们的自我介绍我了解到他们想要学习的汉语知识，也大致了解了他们的汉语水平。第一节课通过图示法让学生试着读出与图片对应的词语，学生普遍能够读下来，但也有几个学生对很多词不认识，读得不标准。对于不认识的词，我通过提示与这些词相关的词语和进行示范性朗读让学生熟悉生词的发音。一开始，学生的发音大多不标准，我一直在纠正学生的错误发音，下课后学生跟我抱怨学汉语太难了，感觉自己很笨，怎么都读不对。有的学生学得比较快，汉语水平在短时间内有了快速的提升，有的学生仍然有很多不认识的词，这些学生对于口语课的积极性越来越低。

案例分析

教师需要在课前提前了解学生的学习水平、个性特点，根据学生的学习情况设计教学内容，针对性开展教学。上第一节课时不能过于纠正学生发音，导致学生学习积极性受挫，教师需要在学生刚接触汉语时多鼓励学生，学生能正确发音时，要及时表扬，可以把学生读错的词先记录下来，统一给学生示范朗读，之后让他们再进行练习。通过委婉的提示让学生意识到自己的发音错误，以免打击他们的积极性。学生的教育背景不同，有些学生的母语和汉语有很多相似之处，学起来相对容易，有些学生的母语和汉语差异很大，对于不同汉语水平的学生，教师应当因材施教，对于汉语水平较高的学生，教师可以让他们完成一些汉语对话，进一步提高语言交际能力，而对于汉语水平低的学生，则可以通过做游戏、汉语歌、模拟场景交际等形式提高学生学习的积极性，对于学生的进步要及时给予鼓励和表扬。

一起开口说

案例类别： 汉语教学类	**地区：** 中国
汉语水平： 初级	**课型：** 辅导课
对象： 多国别预科生	**作者：** 黄梦如

案例描述

我是跨文化教育研究生，在校期间利用课余时间在天津大学国际教育学院给预科生代教学课。日常生活中与预科留学生有所接触，学生在教学课上学习的新知识或在做作业的时候遇到问题都可以单独求助老师。预科班的学生年龄都在 20 岁上下，和我算是同龄人，在日常生活中会进行沟通和交流，和学生关系比较融洽。

汉语教学课要求让学生多说、多练。但是初级预科学生的汉语水平较低，普遍不愿开口。我充分备课，自己少说，把更多的时间留给学生，有时候学生提问题，我就会问其他学生谁知道如何解释，让学生相互解释，并且解释时不准说英语，一个学生解释不清就再请另一个学生帮忙。让学生解释的一般都是不太难的问题，比如“真实”和“形象”的区别，很多学生都能理解。按照这样的方法，学生学习效率也更高了。

此外，无论是朗读课文还是课后练习，我都让学生读出、说出完整的句子，只要不是新的内容，回答课文中的问题时就不准他们看书，尽量让他们自己回答，学生回答不上来时我会提示一些关键字和关键词。

我发现有几个学生的口语不太好，几乎很少会主动开口说话。如果问题较难，要求学生形成“自己”的表达，他们就很难说出完整的句子，所以我会有意识地把读课文和回答课本上简单问题的任务分配给这些学生，希望通过这种方式让他们将开口说中文看作一件轻松的事情。

案例分析

本案例描述了新手教师经常会遇到的问题：一些语言水平较低或者性格比较内向的学生在课堂上比较沉默，不愿意开口说话，积极性不够。大部分学者认为学生在课堂上有害羞、沉默的现象与情感焦虑或者传统文化有关，也有研究认为教师在课堂上的提问技巧，比如等待学生回答问题的时间、对学生话语的不理解等也有可能造成学生在课堂上沉默。从经验的角度出发，很多学生沉默的主要原因是他们认为自己的口语表达能力欠佳。

本案例中谈及的是预科学生，尽管这些学生来华已有一段时间，但仍然“很难说出完整的句子”，从中我们可以推断，之前的汉语课可能以讲授语言知识为主，缺乏师生互动和学生之间的互动。其实，学生开口率不高一方面是由于学生的性格内向或情感焦虑，但根本原因还是其自身语言能力的不足。找到了问题的根源，就要对症下药。要提高学生的开口率，除了精心备课，选择学生感兴趣的话题之外，还需要适当降低任务难度。为了更好地完成教学任务，我们不妨把任务分为几个阶段。

（1）任务前阶段。此阶段教师要针对课文的主题设计问题，在集体或分组讨论之后，由教师做总结，也可以采用头脑风暴的方式，让学生自己说出答案，同时教师要导入新的语言知识，如生词、语法点等，以降低学习的难度。

（2）任务执行阶段。此阶段教师要让学生在规定的时间内通过略读课文等方式找到答案，接着学生需要细读课文，提炼观点，对整篇文章有比较清楚的了解。之后教师可以组织角色扮演、小组讨论等课堂活动，创设真实的情景，尽量让每个学生都参与到活动中去。

（3）任务后阶段。此阶段是抽查表演、集体点评阶段。任务完成后，教师要对学生的完成情况进行抽查、点评，教师要多鼓励，多表扬，指出带有普遍性的问题，纠错时避免具体到人。

总之，只要把任务的要求置于学生能力能够达到的高度，学生就会主动地去完成教师布置的任务。

左右很重要

案例类别：汉语教学类	**地区：**中国
汉语水平：中级	**课型：**汉字课
对象：汉语言专业本科一年级留学生	**作者：**王媛媛

案例描述

对于留学生来说，学习汉字是非常让他们畏惧的，不管是刚刚开始接触汉语的初级学生，还是已经具有较高水平的高年级学生，只要遇到看起来差不多的汉字，他们就不知如何下手。特别是非汉字文化圈的学生，对他们来说汉字就像一幅并不太“美丽”的图画，而写汉字也成了照猫画虎，只有像与不像的区分，因此结构错乱、“零件”分家是常有的事。而汉字的学习对于学习中文来说是不可或缺的重要组成部分，学好汉字，不仅有助于留学生深入了解中国文化，更有利于他们扩大词汇量，丰富表达，甚至更容易理解中国人的思维逻辑和处事方式。不可否认，扎实的汉字基础将会为留学生的汉语学习铺设更广阔的道路。

鉴于此，学院在汉语言本科一年级就开设了汉字课的专业选修，而在进修部的零基础班也增设了汉字书写的课程。我在这两个部门都教过汉语书写的课程，区别是进修部的汉语课程是针对零基础的学生，书写内容配综合课学习的汉字。而本科一年级的留学生则有一定的语言基础，甚至有些同学已经达到 HSK 4 级的水平，学习的是《体验汉字》这本单独的汉字教材，更为系统。对于已经有语言基础的同学更能看到他们对汉字的认知和掌握，因此，在本科教学的过程中我会抽出一部分时间让学生来写汉字。

对中国人来说，汉字的左右、弯折等结构已经潜移默化深入骨髓，对于不同汉字的差异会觉得巨大而明显。但是对于并不熟悉汉字的留学生来说，只有明确点出区别他们才会意识到不一样，甚至在指出差异之后他们依然会觉得一样。

上课刚开始，学生精神尚未集中的时候，我通常会用听写的方式来快速集中大家的注意力，听写方式可以是每人在一张纸上写，也可以是抽学生在黑板上写。因为已经大致熟悉了学生的汉字掌握情况，所以我叫了相对来说汉字书写不太好的学生轮番上台，我每组听写五六个词语，然后让下面的学生们找错误，在这过程中发现了一个很有意思的现象。

在写“手”字的时候，有位同学写成了镜像字，我并没有直接指出错误，而是让同学们来判断汉字书写是否存在错误，结果让我没想到的是，针对这个“手”字全班 20 多个同学居然争论了起来，有人说错，有人说对，有的人说这样改，有的说那样改，等不及的同学直接上台修改错误，但却又改错了，直接写成了“毛”，还有的上台将“弯钩”写成了“斜钩”。当然也有更多的同学坚定地写出了正确的“手”字，但是个别同学对于左钩和右钩的区别视而不见，在其他同学的指正下，几个非汉字文化圈的学生才开始意识到“手”字是向左勾，而“毛”是一个“竖弯钩”是向右勾的。在学生自行确认正确书写以后，我将“手”和“毛”两个象形字的来源讲给学生，听过以后学生恍然大悟，加深了对这两个字的印象，相信以后再也不会左右不分了。教室后面还有学校督导组的老师在听课，看着学生们热烈讨论，自行修正，督导组的老师也觉得非常新鲜，认为教外国人写汉字和教中国写汉字孩子是完全不同的，他们肯定了国际汉语教学的特殊性，下课后对我的课程评价也很好。

案例分析

虽然书写汉字有时会略显枯燥，但是对于非汉字文化圈的同学来说，找到汉字之间的细小差别就像在做侦探游戏，细微处往往决定了根本性的差异，这让学生乐此不疲。而教师的引导作用非常重要，把课堂交给学生，让他们自行讨论和学习，并适当引导点拨，同样适用于汉字课堂。即便是汉字文化圈的学生，对汉字字形比较熟悉，但是汉字背后的文化含义依然需要了解，因此，在与同学们一起探索的过程中也不知不觉地深入了解了汉字的字形和起源。

思维导图帮你提高“字感”

案例类别： 汉语教学类　　**地区：** 中国

汉语水平： 初级　　**课型：** 汉字课

对象： 中国政府奖学金预科生　　**作者：** 张丽媛

案例描述

在对中国政府奖学金预科生进行汉字教学的过程中，我们发现学习者在非目的语环境下学习汉语，目的语输入量锐减，提高“字感”更是难上加难。特别是非汉字文化圈的学生，他们习惯了以词为单位理解和使用语言，对于单个汉字的认读和理解一方面重视不足，另一方面也感到困难。如：有些同学能够认读“牛奶”，但是单独的“牛”或“奶”就不能认读，或者当“牛”或“奶”出现在其他语境中时，他们不能迅速识别读音以及意思。

然而，在汉语的学习过程中，语素是最小的有意义的语言单位，具有极强的构词能力。掌握好汉字的认读及语素义，能够极大地提高学习效率。针对这种情况，我们从以下三个方面着手解决。

（1）在汉字课上，尽量以“字”为单位进行教学，强调汉字的语素义。

（2）将单个汉字放在词、句等多种语境中不断复练，特别是对于一字多义，以及造词能力强的汉字要重点学习。

（3）在有了一定的汉字积累后，使用思维导图等方式帮助学生复习汉字的语素义，如下图所示。

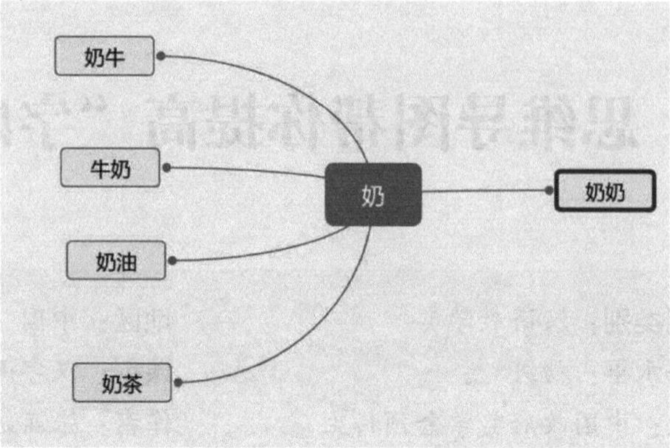

通过以上教学策略，让学生树立起以汉字为单位理解汉语的意识。学生不但能更好地掌握已学汉字的语素义，对于新词中的某个汉字也会主动询问其语素义。

案例分析

汉语中，语素是最小的有意义的语言单位，具有极强的构词能力。因此在专门的汉字课上，以汉字为单位进行教学是必要的，能够提高教学效率。在教学中，学习汉字在初级阶段常用语素义是一项非常重要的内容。教师可以通过引导学生共同绘制思维导图的形式，让学生感受汉字的语素义及其强大的造词能力，也可以按照语义场来绘制汉字思维导图，通过这种方式来帮助留学生提高“字感”。

关注角落里的他

案例类别： 汉语教学类　　**地区：** 中国
汉语水平： 初级　　**课型：** 综合课
对象： 多国别语言生　　**作者：** 宋倩

案例描述

我是汉语国际教育专业的本科生，因为专业实习需要，在辽宁大学国际教育学院给语言生临时上了一节汉语课。授课内容为《新实用汉语课本》第十二课“我全身都不舒服”。

在上课前的备课阶段，看着短短的一篇课文，却觉得到处都是知识点，什么都想讲到，什么都想讲透。例如“疼”这个字，词典解释为“形容词，因病、刺激或创伤而起的难受的感觉，多表示身体上的难受。”但是这样解释之后的意思比“疼”本身还要难理解。所以在第二轮备课时，我决定使用直接教学法，在讲解该知识点时，通过图片展示和动作展示，更加直观地解释词汇含义。另外，在讲到“十有八九”这个成语时，我认为直接解释释义“①指绝大多数；②指有极大的可能性，大致不差”也不容易被初级水平的学习者理解，因此决定在讲解时加入动作以及示例。

在正式上课时，我发现大家虽然都是初级班的学生，但汉语水平有很大的差异，于是临时决定将直接讲解和图片讲解结合起来。在讲解“疼”的含义时，首先展示生活中经常发生的情况的图片，让学生有更加切身的体会，并展示例句“手机掉在了脸上，脸很疼。”然后通过图片创设情境，“烧烤吃多了，肚子很疼。”通过以上两个情境，满足了不同水平学生的学习理解需求，再解释“疼”的含义形容词，因病、刺激或创伤而起的难受感觉，多表示身体上的难受。满足了更高水平学生的学习需求。

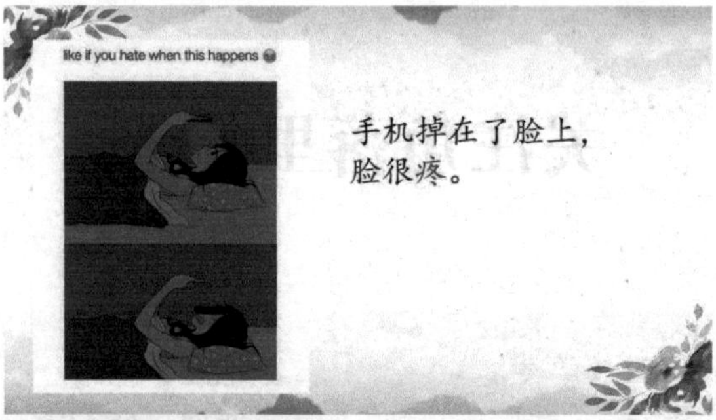

在解释“请假”一词的含义时，延续上面的情境，举出例句“小李肚子疼，不能上课了，请假去了医院。”之后再解释完整释义“请假：因病或因事请求准许休假，在一定的时期内不做工作或不学习。”

在解释“十有八九”的含义时，首先用双手展示十个手指，接着弯下八个或九个手指，向学生提问：“十个手指中有八九个都做了同一个动作，说明了什么呢？”引导学生回答，从而解释十有八九释义“①指绝大多数；②指有极大的可能性，大致不差。”接着创设情境举出例句“我十有八九会迟到。”“他十有八九找不到戒指了。”之后通过归纳法总结出“十有八九”在句子中的语法格式“主语+十有八九+可能发生的结果”。

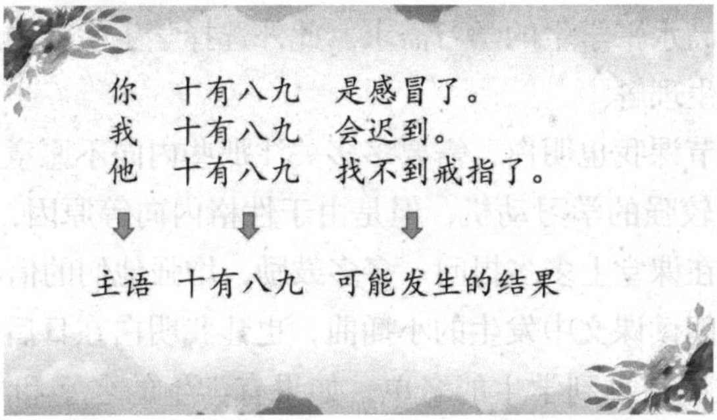

在讲解课文时，我找了两名在之前环节不太喜欢说话的同学来分角色朗读课文，让他们分别扮演丁力波和马大为，但是没想到扮演丁力波的同学的中文名字叫大为，于是我马上更换了两人的角色，让大为同学扮演马大为。

在整节课的最后，我仍选择用创设情境的方式来复习整节课学习过的词汇和语法。

课程结束时，大为同学主动来找我，说这节课他很开心，因为使用了很多图片，而且举的例子都是他生活中经历过的事情，所以每个知识点都能听懂，之前他由于发音不好，不敢发言，但是这节课他读了课文，得到了老师和同学的肯定，他觉得很有成就感。

案例分析

我们常说"有备无患"，在教学中也是如此。我在第一节课前并不是很了解所有学生的汉语水平，所以在备课时准备的内容既可以满足较低水平学生的学习需求，也可以满足较高水平学生的学习需求。此外选择学生生活中经常发生的情境来举例，更有利于学生理解。

此外，经过此节课我也明白，需要多多关注那些内向不愿意开口的学生，他们其中有些人也有着较强的学习动机，但是由于性格内向等原因，不愿意主动开口，这时就更需要老师在课堂上多多提问、多多鼓励，增强他们的信心。

另外，分角色朗读课文中发生的小插曲，也让我明白在日后的课堂中，要记住学生的名字，或在课前拿到学生的名单，如果有学生的名字和本节课授课内容相关，可以提前做好准备，避免学生朗读时角色混乱。

经此一课，我更加明白，在第一节课前要做好充分的准备，才能在发生突发情况时及时有效地应对。

新手教师上路

案例类别： 汉语教学类　　**地区：** 中国

汉语水平： 初级　　**课型：** 口语课

对象： 多国别本科生　　**作者：** 闫文丽

案例描述

我是天津大学汉语国际教育专业的研究生，在研一时利用课余时间为本科生上口语课，主要负责口语课授课、纠音及作业批改工作。

学生为初级水平的本科生，汉语水平较低，学生来自柬埔寨、塔吉克斯坦、吉尔吉斯斯坦、黎巴嫩、刚果（金）等多个国家，因为受个人学习能力和母语的影响，班级里学生的汉语水平参差不齐。

因为学生的水平不高，所以最开始在布置作业、提问环节我都使用英语，这样能够达到让学生熟悉课程的目的，学生在熟悉了基本教学环节之后，能够掌握汉语的一些简单词语，之后的课程以汉语讲解为主，只有个别较难理解的生词，才会用英语为学生解释，学生渐渐熟悉了这样的教学模式，从购物、谈天气、问路等一些简单的话题出发。循序渐进，不断提高学生的汉语能力。

上完两节课之后，我发现来自柬埔寨的两名学生和塔吉克斯坦的一名学生汉语水平较高，除一些难度较高的儿化音、变调外，他们已经基本掌握汉语词汇的发音，如果授课内容过于简单、基础，这几位学生就会觉得没有收获。其他学生的汉语水平基本为零，他们没有花费太多课余时间学习汉语，仅仅通过课堂学习汉语知识是有限的，有时候上节课学过的内容，到下节课已经忘记了，对于这些情况，老师需要带学生复习学过的内容再学习新内容。这样就出现了难以协调教学难度的问题。

我在课下询问学生对课程的看法，结合现有的教学资源，对教学内容和讲课顺序进行了调整，分层次布置作业，对于汉语水平较低的学生，多布置一些词语发音、录音的作业，提前检查并让学生在课下反复练习，课上针对错误率较高的内容进行纠正。针对水平较高的学生，在讲解课文基础知识的前提下，让学生预习下一课的内容，增加课文和句子替换相关的训练。

在汉语发音教学环节，通过游戏的方法调动学生学习的积极性，使学生在轻松愉快的学习氛围中掌握拼音的发音部位和发音要领。从培养一个探索者和发现者的角度，让学生通过自己发音，感受不同拼音在不同词语句子中的发音区别，让学生真正掌握拼音。另外，在设计巩固练习中，紧密结合课堂所学内容，继续复习巩固，加深记忆。

在语音练习环节，以本单元为主题，结合学生日常生活的场景，如食堂、超市、地铁、宿舍等，让学生的学习活动由课堂转到实际生活，使学到的知识真正运用到生活中，让学生有成就感，有获得感。通过阅读材料的引导，学生自由讨论，循序渐进地培养学生用汉语表达观点的能力。

经过教学调整，水平较低的学生能够流利朗读课文中的单词，高水平的学生汉语水平也能不断提高。

案例分析

教师的教学目的不能只是让学生记住这个词语、这句话的发音，还应该让学生学会实际运用。通过给学生布置交际任务，通过让学生在课上或者课下录视频的方式进行展示，才能不断发现他们的发音问题，并及时纠正。

针对学习者水平参差不齐的问题，教师需要兼顾不同水平的学生，既要照顾到低水平学生，为他们的汉语学习打下良好的基础，同时也要为基础较好的学生提供不断学习新知识，不断提升自己的条件。

在口语交际中，学生如果能接触实际生活中的场景，会更有表达的欲望，教学活动也能够更好地进行。教学内容的安排应当建立在符合学生现有水平的基础上，通过课堂学习内容的环环相扣、层层递进，有效提升学生的汉语表达能力。

心急吃不了热豆腐

案例类别：汉语教学类　　**地区：**中国

汉语水平：初级　　**课型：**辅导课

对象：有一定汉语基础的巴西学生　　**作者：**李蓓蓓

案例描述

我给一位巴西学生 B 上汉语课。这位学生有中国血统，会说粤语，职业是律师，学汉语的目的和动机也非常明确，就是想学好汉语，和中国人做生意，这一点也得到了他公司的支持。

本以为给有一定汉语基础的学生上课会相对轻松些，但刚一开始上课就遇到了问题。这是一对一的线上课程，师生彼此不见面，只是通过语音进行授课。我本着认真负责的态度，发现他存在的问题便想要马上纠正，其中有很多是他一直以来便读错的发音，我有时甚至会打断他，立马帮他改正。但是这样的教学方式，似乎有些操之过急了，以至于在上课的第二周，能明显感受到 B 同学有些生气了。他表达了自己的看法，希望我能够等等，等他都说完了再给他意见，而不是当即指正。另外一个问题便是他对我指正的这些错误有时持质疑的态度，他说："以前的老师就是这样教的。"

案例分析

这次之后，我进行了课下反思。其实 B 同学的情况还是比较特殊的，他是一个成年人，工作稳定而体面，因为会粤语，对自己的中文水平也比较自信，所以老师也要调整一下教学思路，不能以自己认为高效的教学方式进行教授，而要考虑到学生的情感因素，照顾到学生的情绪，否则，很可能会打击这位学生本来高涨的汉语学习兴趣。

此后，我会在课前先给B同学一个话题，请他提前准备一段话，等他的陈述结束后，我再去逐一指出他刚才有哪些用错的词，用得不规范、不常见的词，或是有哪些发音问题。并且要提醒自己，在说出这些错误的时候，尽量以一种鼓励的语气，如果他能够改正这些错误，一定会有哪方面的进步。再比如，上次课讲的内容，他今天课上能够掌握，就真挚地表扬。

另外，在他表达的同时，我也会为他记下错误，建立一个属于他自己的错误记录本。这样，每次下课后，我将这个小本本上的内容反馈给他，也便于他清晰地看到自己今天有哪些小失误，在下次上课前，就可以提前预习，加深印象。这种方法一来比较直观，二来对他比较方便，三来我认为，比起当面指出错误，这种事后文字反馈的形式更加温和，也更容易被他接受。

我还要提醒自己，在上课尤其是上汉语口语课时，切忌心急，不能一心就想立刻改掉学生犯的错误，却不承想，即使是中国人也会有口误，也会有说错的时候。且学习是个长久的过程，学习本身便是一种经历，怎么可能通过几节课，就能达到脱胎换骨的效果，教出一个不出错的学生呢？

一口咬掉牛尾巴

案例类别： 汉语教学类	**地区：** 中国
汉语水平： 初级	**课型：** 文化活动课
对象： 多国别留学生	**作者：** 李蓓蓓

案例描述

在一次文化课上，正好有一些空闲的时间，我想和同学们一起做一些有趣的小活动。我想到可以模拟中国传统节日元宵节，带领大家一起猜灯谜。

不过，猜灯谜对于初级汉语学习者而言可没那么容易。对于在场的学生来说是一种全新的、之前从未接触过的形式；而且灯谜多是猜汉字，谜底不能太难，不常见的或是不易写的汉字都要排除掉。我用简单的卡片代替灯笼做好谜面和谜底，并标上对应的序号，让学生们抽卡片，抽到哪张卡片，就要回答上面的问题，然后再按照相应的序号找到答案，看是不是答对了。

第一位同学抽到的问题，谜面是"举重比赛"，这可是个难题，没想到第一下就抽中了。我提示这位同学，这道题应该是这些题目中最难的，你可以拥有一次换掉题目的机会，要不要使用呢？这其实也是我灵机一动，担心一上来题目就这么难，会打消大家的积极性。

不过，可能是出于好奇，这位同学还是想尝试一下。我便再次给出了提示，举重比赛要举起的杠铃，它的单位是什么呢？学生回答是"kilogram"。我说："没错，是 kilogram。不过，在中国我们常用的重量单位有什么呢？大家平常去买水果，买蔬菜，有没有听到老板说，这些水果蔬菜是多少——？"说到这里，我故意拉长音，希望能听到学生们的回答。这时有几个学生反应了过来，回答"斤"。我说："非常好，就是斤！虽然举重比赛所用的杠铃比较重，通常用公斤来表示。一公斤就是 One kilogram，也是两斤。这个谜底，就是和'斤'有关。和'斤'有关的四字成语，大家听过哪些呢？"这时大家都在思考，并没有人说出答案。我见状，笑笑说：“这道题呀，已经是最难的题目了。这样吧，我们先把这道题放在一边，先做一些容易的。等我们多做了一些题，也就是多做了一些练习。到时候，说不定灵感就来了。”

于是我们进行下一题的抽和猜。下一位同学抽到的题目是“三水压倒山”。题目一出，大家看起来还是没什么头绪。我提示：“这个三水呀，还可以写作三点水。大家都认识‘海洋’这两个字，在汉字中，三常常代表非常多的数量，非常多的水，便是海洋了。所以啊，这道题里的三水，有可能就是指三点水这个偏旁。至于压倒山，大家看山这个字是怎么写的，是不是这样？”说到这，我带着大家用手指在空中比画了一下。“可是，当这个山倒下，就变成什么了呢？”这时，忽然有一个同学喊出来“我知道！是‘当’！就是那个 sure，当然的当。”旁边的同学也都恍然大悟道：“哦，是这样。”

之后又进行了几轮的猜题，这几个题目相对简单，大家回答的积极性也提升了上来。直到有一道题，我为大家念出的题目为“一口咬掉牛尾巴”。其中尾巴，读作“yǐ ba”，忽然，我意识到了自己的错误，便赶紧为大家做出纠正：“不好意思同学们，老师刚才读音发错了。其实应该是 wěi ba，而不是 yǐ ba。大家所学的普通话，都是念作 wěi ba，这是最规范的读音，只有大部分中国北方方言，或是个别南方方言中才会读成 yǐ ba，而且这还是比较随意的，口语的说法。好了，那么大家现在来猜一猜吧，这道题的答案是什么呢？”

案例分析

本次文化课活动也是临时起意，所做的准备并不充分。我想到了猜灯谜的活动，本想带大家进行文化体验，不过，少了灯笼这个道具，文化氛围似乎已经少了一半。加之这种形式对外国学生来说还比较陌生，题目也比较难，所以即使一开始就想找一些简单的题目，最终效果却不理想。下次再采取这种活动的话，应该先考虑学生的汉语水平、学习汉语的时间或是在中国生活的时间，也要尽量通过中国灯笼等道具来营造元宵节的氛围，避免让学生认为元宵节猜灯谜只是一个游戏。此外，课上还是要注意规范语言的使用，在念错发音时，老师要及时认错，也可以讲讲老师为什么会出错，增加大家对汉语学习的兴趣。

组队“拣米”，连词成句

案例类别：汉语教学类　　**地区：**西班牙

汉语水平：初级　　**课型：**综合课

对象：西班牙小学生　　**作者：**李卓怡

案例描述

2019 年在马德里参加国际汉语教师夏令营期间，我跟随 Sole 老师研习汉语课堂教学方法，主要面向西班牙的中小学生。在自主实践环节，我选择了由六名小学生组成的汉语课堂，带领他们学习汉语，了解汉语世界。孩子们阳光可爱、活泼好动，一个个兴致勃勃，这给予我极大的教学动力。说是综合课，其实更像是兴趣引导课，我们的主要目的并不是让小学生们记住一些词或语法，而是让他们对汉语产生学习兴趣、通过教学策略使其能够较快学习某些汉语知识点。因此在教学时，我将重点放在互动游戏环节，希望能够通过简单有趣的游戏，引导小学生们沉浸其中，发现汉语的魅力。

首先我教给学生们一些常见的人称代词、名词、自我介绍用语，如女孩、男孩、机器人、我、你、她、他、我们、你们、是、朋友，等等。接下来就要用这些词造句。①我是男孩。②她是女孩。③你们是朋友。④你是机器人。⑤他是男孩。⑥我们是朋友。这些词和句子他们暂时还不能很流畅地读或写，但是他们也学过一些汉语，所以我要一边指着词一边读，确保每个学生都能说一遍。即使学生没有完全读正确也没关系，在组成句子之后，我还会通过手部动作，指导学生一边指着自己或目标物，一边读出句子，为的是让学生明白词组成句子的顺序。

教学目标并不在于让学生完全记住和掌握这些词，而是让他们明白汉语主谓宾结构的搭配，熟练语序，培养语感。因此采取游戏教学法——“拣米”。假设教学对象共有六人，三人一组分为两组。第一组负责①②③，第二组负责④⑤⑥，每个词代表一粒米，两组的米粒数相同（9 粒）。准备 18 张小纸条，将 6 个例句的 18

个词写上去，将小纸条揉成纸团，“米粒”就做好了。两组米粒各自放在班级第一排的桌子上，每个组有一双筷子，三人轮流拿起筷子拣米，再将米运送到最后一排，前一个人回来第二个人才能开始行动。最后需要把所有米粒全部运送到最后一排，再将米粒（纸团）打开，把三个句子组合好，告诉教师答案，并翻译句子。哪一组最先完成且答案正确即获胜。在游戏开始之前，我带领他们一遍遍地读词语和句子，学生其实也已经熟悉了句子的大意，因此翻译对他们来说并不难。

这一游戏活动充分激发了学生的热情，游戏过程如火如荼，学生们对例句的印象加深了，不知不觉中单词的意思也掌握了。课前我还准备了一些丰富多彩的剪纸作品，有的是可爱的小动物，有的是古典的中国纹样，根据游戏活动表现，我把这些剪纸作为奖品送给学生们，他们都非常喜欢，还不停地与周围人一起分享。

案例分析

这堂课总体而言还是较为成功的，但操作起来仍要费很大心力。前面的词句学习与后面的游戏环节息息相关，不能漏掉一环。虽然这六个小学生有一定的汉语基础，但是汉语毕竟是形音义相结合的，为了让学生能够自主翻译句子，游戏材料中并没有标注字音和词义。学生们在翻译时速度明显没有拣米的时候快，好在通过前面的训练，他们的语感还在，游戏活动还是较为圆满地完成了。这个游戏教学法充分锻炼了学生学习语言的三个维度的能力：词汇、语感、翻译。如果算上游戏本身，其实也提升了学生的动手操作、身体协调和团队合作能力。由于已经有了学习英语的经验，所以主谓宾结构并不难理解，先找出主语即人称代词，然后找出对应的谓语动词，最后补上宾语部分的名词，很快就能得出答案。将陌生的词形象化为“米粒”，把组词成句的过程变为“拣米”，也消除了学生学习外语的陌生感，能够以轻松积极的心态投入游戏过程中，对语言的感知能力也进一步加深了。

拿手菜

案例类别：汉语教学类	**地区：**中国
汉语水平：中级	**课型：**辅导课
对象：华裔中学生	**作者：**施溯钰

案例描述

我是天津大学国际教育学院的硕士研究生，寒暑假会给海外华裔孩子辅导汉语。目前，我有一位母亲是江苏无锡人，父亲是荷兰海牙人的 14 岁中荷混血学生 Timo。Timo 能够听说一些简单汉语，但不会认与写，我的教学任务就是教他一些汉语的日常口语与简单汉字。

这天，我去 Timo 与他妈妈下榻的酒店进行教学，发现他妈妈正在煮油面筋。油面筋是他妈妈的好朋友送来的，也是无锡的地方特产。Timo 问妈妈："这是什么菜？" 他妈妈说："这是你阿姨的拿手菜，油面筋。" Timo 问："什么是拿手菜？" 他妈妈回答不上来，便让 Timo 请教我。

对于我来说，拿手菜是日常生活中听惯见惯的名词，我并没有特地去学习这个名词的来源和释义。于是，我告诉 Timo 拿手菜就是一个人做得非常好的菜。虽然 Timo 表示这个解释他已经可以听懂了，但我发现自己在教学上还有很多不足，中国人常说的俚语我没有办法解释出来，也讲不出这个词的来源与用法。再一次上课的时候，我带着自己制作的国王、厨师与侍卫的卡通剪纸，给小 Timo 讲了一个故事。

相传在很久很久以前，有一个国家遭到外敌入侵，形势万分危机，国王出榜，招纳全国壮士，务必人人参战。在招贤榜上，最让人眼热的岗位要数御厨了。试想这御厨不必沙场厮杀，只要躲进国王的大帐里，保障安全的同时还能与国王共享山珍海味。于是乎，全国各地厨艺高超的厨师争相报名，一个平日里不学无术、好吃懒做、贪生怕死的人也托门子、拉关系，滥竽充数进了御膳房。一日，大军凯旋，国王大喜，令御膳房大摆宴席犒赏军队。为了展示皇恩浩荡，每位御厨必须做一道自己的招牌菜来款待士兵。于是乎，每个御厨都拿出了自己的看家本领，端上了“大漠雄鹰”“飞沙落雁”“猛龙过江”“雄心烈火”等菜肴，道道菜是色、香、味、意、型绝佳，见者无不垂涎。此时，滥竽充数的“御厨”却傻了眼，再想花银子走后门，已不可能。无奈下，只得硬着头皮磨刀上阵，小心翼翼地端上自己的“杰作”。国王满心欢喜，兴致极高，君臣频频举杯，帐中一派欢腾。品过一道菜肴，便众口齐喝：“好菜！好菜！来来来，我们再共饮一杯！”正当国王兴高采烈，将刚上的一道菜夹入口中准备享受美味时，突然，满嘴的酒肉喷射而出，万分恼怒道：“哪个畜生胆敢加害于朕？”一时间，整个大帐鸦雀无声。国王对诸位大臣道：“你们都给我尝尝这是什么菜？”。几位年长的大臣壮着胆子夹一点刚上的菜，刚一入口，又都齐刷刷地吐了出来，直呼：“这是什么菜！”“老臣一辈子从未尝过这种怪味，真是气杀我也！”“把做这菜的御厨提上来！”当侍卫把那位“御厨”带上来时，国王问道：“你是用什么做的菜？”那位“御厨”早就吓得缩成一团，浑身抖得像筛糠一样，结结巴巴本想说是用手做的菜，但却因紧张过度，只听得“拿……手……菜……”国王问身边的大臣：“什么叫‘拿手菜’？”群臣都摇头不知，其中一位大臣说：“我想他说的‘拿手菜’可能就是用手做菜的意思。”国王闻言大怒：“这般蹩脚的手也胆敢冒充御厨，来人，给我拉出去砍了！”

Timo 听得很专心，对拿手菜这个词语有了深刻的记忆，并希望老师以后教给他更多的俚语。

案例分析

这件事情以后，我反思自己在教学知识上的欠缺，尤其是对于词语的解释。我开始利用课余时间扩充自己的词汇量，在俚语的来源和解释上尤其下功夫，同时也学会了自己制作教具，方便更加生动形象地教学。

亦师亦友

案例类别：汉语教学类　　**地区：**印度尼西亚
汉语水平：中级　　**课型：**辅导课
对象：华裔青年　　**作者：**张启辉

案例描述

我是汉语国际教育专业的学生，曾在印度尼西亚进行教育实习。实习的单位是优利联汉语国际学院，这是一家集中文教学、培训、留学中国咨询及留学手续代理服务于一体的国际汉语学校，该教育机构主要采用一对一的教学模式，教学对象一般为成人，学习时间一般为一两个月。下面是我实习期间遇到的真实案例。

我的教学对象是比我年长一岁的女生，她是华侨，从小就接触汉语，并在几年前通过了 HSK 4 级，但近几年由于大学课业繁忙，汉语学习有所耽搁，所以在大学本科毕业之际，想要重拾汉语，并打算到中国深造。

因为该生已经很久没有学习汉语了，所以在第一堂课时，我花了大部分时间来确定她的汉语水平，对初级水平的两本教材进行了相应的学习，对涉及的词汇、语法和课文进行了拼读、复习和理解。在沟通下，我觉得该生的汉语水平较好，所以选用了中级的教材进行学习。

在学习的过程中，我发现她的词汇量比较大，认识和熟悉的词汇很多，但是有些记忆存在偏差，她表示很多汉字看起来很熟悉也理解相应的意思，但是不知道怎么读，在听和说方面有所欠缺。

她的汉语学习目的明确，学习动机强烈，打算为来中国学习做语言上的准备，以便更快地投入专业学习中。她的学习时间是上午九点到十二点，每天三个小时，她很少迟到，即便迟到也是在五分钟左右，在可接受的范围内。但是她的作业完成情况不是特别理想，包括复习、预习以及课后习题等。后来了解到她课下学习汉语的时间比较有限，于是我利用课上前 20 分钟的时间来进行听写、复习和答疑。

我也反思自己的教学，不再拘泥于传统的教学方式，课上不再布置过多的作业，而是增加更多的聊天时间，比如问她一些比较日常的问题，我也相应地调整了教学方法，利用她读写能力较强但是听说能力需要提升的特点，着重训练她的表达能力，比如根据她的兴趣，和她聊娱乐、文化，推荐中国的影视剧、中国各地美食以及中国各地旅游攻略，等等。

而且我也会在每节课之前找一些与教学相关的视频，利用视频辅助教学，不再局限于课本上的知识。因为她是在多年前学习的汉语，如今的中国与她记忆中的中国已经不一样了，所以课上我也经常给她扩展并更新一些中国文化知识，给她讲中国人的习俗和习惯，对比中国与印尼文化和生活的差异，介绍中国近几年的快速发展与进步，并通过这些交流提高她的口语表达能力和日常交际能力。

这段时间的学习，我们的课堂氛围始终非常融洽和谐，真正做到了“在乐中学，在学中乐”。视频和聊天让原本的汉语学习少了几分枯燥，多了几分生气。同时教材文本知识也没有落下，她更加体验到学习汉语的乐趣，教学内容与生活实际密切联系，学的每一句话都能运用到日常交际中，她学习的获得感和成就感不断提升，学习兴致和欲望更加强烈，学习兴趣和学习积极性也增加了，更愿意沉下心来探索。在我们的共同努力下，课程进度有条不紊地推进，我顺利完成了教学任务，她的汉语水平尤其是汉语表达能力有了肉眼可见的提升，得到了其他老师的赞扬。

年龄相仿的我们是师生，也是朋友。课堂上充满欢声笑语，休息时聊天，娱乐、影视、歌手等都是我们的话题，这些都是其他老师和学生羡慕的，很多时候他们也想要一起加入我的课堂。在学校的汉语测试中，她获得了第一名的好成绩，得到了老师们的一致认可与夸赞，她也将顺利来中国学习，并表示要参加 HSK 5 级考试。在最后一堂课上，她给我写了一封感谢信，我们握手、拥抱，这段学习时光将是我们两个人生命中一笔宝贵的财富。

案例分析

在教学中，很多老师在课堂上与学生关系很亲近，学生上课依然非常认真地听讲，学生能够在课堂上尊敬老师，在课后与老师轻松地相处，这种亦师亦友的师生关系是我最向往的，也是我作为老师一直想努力做到的。

而我们作为将来的汉语国际教师，提高跨文化交际能力，培养自己的汉语本体知识能力和汉语教学能力，提高自身心理素质和适应能力，对做好工作至关重要。对外汉语教师不仅承担着汉语教学的责任，而且承担着推广中国文化的责任。在某种意义上，对外汉语教师既是语言的教师，又是文化的使者和跨文化交际的协调者，多重的角色责任也对对外汉语教师提出了更高的要求。传统教师的任务是传道授业解惑，往往是知无不言，而对外汉语教师要做引领者、辅助者，要知而不言，强调启发式教学和循序渐进。

总之，跨文化交际活动看起来容易做起来难，需要各方面的综合素质，作为一位对外汉语教师，我要在日常生活中多注重培养自己跨文化交际的素质和能力，并在此基础上积极推动对外汉语教学，做合格的对外汉语教师，做中华文化的弘扬者、传播者，做中外文化的桥梁。

把学习兴趣调动起来

案例类别：汉语教学类	**地区：**印度尼西亚
汉语水平：初级	**课型：**辅导课
对象：印尼华裔青年	**作者：**张启辉

案例描述

我是汉语国际教育专业的学生，曾在印度尼西亚进行教育实习。实习的单位是优利联汉语国际学院，这是一家集中文教学、培训、留学中国咨询及留学手续代理服务为一体的国际汉语学校，该教育机构主要采用一对一的教学模式，教学对象一般为成人，学习时间一般为短期，大概一两个月。下面是我实习期间遇到的一个真实案例。

我的教学对象是和我同龄的一位男生，他是汉语零基础的学生，只会一点非常简单的拼音拼读，稍微有些难度的拼读都不能准确发音。他是一名华侨，老家在万隆，他的奶奶会说客家话，他有自己的中文名字，但是对自己的名字发音不准确，书写不规范。他是在澳大利亚读的大学，不久前才从澳大利亚回到印尼，两个月后打算来中国学习一年汉语，他前半年将在北京学习，后半年时间将在上海学习。学习汉语的主要目的是为了打理家族产业，他家里有个很大的制鞋厂，在印尼多地有分厂，他希望拓展中国市场。

他的汉语学习动机虽然比较强烈，但是在真正学习时，却出现了一些小问题。他的学习时间是下午一点到三点，每天三个小时，但是因为他前一晚会和朋友玩到很晚，所以几乎每天会迟到二十分钟左右，课上留的作业也不会按时完成，包括复习、预习以及课后习题等。他学习态度不端正，有时连笔和本都不带，上课时也只对聊天感兴趣，对于课本上的内容兴趣不大。在学习课本上的内容时，他思维会过于发散，总会故意提出很多问题，试图抛开书本上的内容，只问他感兴趣的方面。而且因为他起得晚，有时上课前没有吃饭，就会在休息时间去吃饭，导致休息时间过长，学习时间相应减少。课上学习不认真，很多问题都不会回答，课下从不写作业，没有复习和预习的环节，教学进度缓慢并且艰难，而他只有不到两个月的学习时间，按时按质完成教学的进度十分困难。

后来，我反思自己的教学，不再拘泥于传统的教学方式，课上不再留作业，也不在课前进行听写，而是加入更多的聊天时间，比如问他昨天上完课之后去做了什么，昨天晚上几点睡觉，今天早上几点起床，有没有吃饭等一系列比较生活化的问题。我也调整了教学重点，利用他喜欢开口说话，喜欢提问题的特点，着重提升他的听说能力，相应减少了读写方面的练习。而且我也会在每节课之前找一些与教学内容相关的小视频，利用视频辅助教学，不再局限于课本知识，而是给他扩展一些中国文化知识，讲中国人的习俗和习惯，对比中国与印尼文化和生活的差异，侧重提高他的口语表达能力和日常交际能力。此外，我也经常和他沟通，询问他的兴趣点，以他为中心，让自己的教为他的学服务，也会提醒他不要玩到太晚，要注意时间，要知道学习的时间很有限，如果完不成学习任务，他的留学计划会受到影响甚至耽搁。另外，我也经常向学校里的前辈学习，交流经验，询问他们适合成年人的教学方法，并去了解印尼华人的学习背景和性格特点等。

通过一段时间的调整磨合，我们的课堂状况有了好转，他的学习也有了起色。没有了作业的“羁绊”，他的学习兴致似乎强烈了很多，有了分享视频的加入，他的学习积极主动性也增加了，更愿意沉下心来和我一起学习汉语，他也慢慢知道了学习时间的有限性，时间观念也提高了，他不再迟到，开始充分利用课堂时间，提问也开始贴近课本、贴近实际。最后，在我们的共同努力下，课堂逐渐走上正轨，课程进度有条不紊地推进，我顺利完成了教学任务，他的汉语水平和汉语表达能力也有了肉眼可见的提升，得到了其他老师的赞扬。来到中国后，他在分班时成功进入了 B2 水平班，他说他在中国的日常交际生活几乎没有语言障碍，开心顺利地开始了他在中国的汉语学习之旅。

案例分析

这件事情以后，我反思了自己的教学方式与方法，有以下想法和感悟。首先，老师要调整心态，遇到问题不要慌张，要知道自己遇到的这些问题是比较常见的，要增强自信心；其次，要反思自己，调整自己的教学方式。在涉及学生问题时，要充分考虑到学生的个体因素和需求，做到因材施教，要明确“教”是为“学”服务的，培养学生的自学能力，激发学生的学习兴趣和动机，要努力营造轻松愉悦的氛围，多用启发式教学，发展学生的智力，建立融洽的师生关系，在移情的基础上做到互相设身处地地理解，采取亲近尊重和信任的态度，做到关心帮助学生与严格要求的有机统一。最后，提升自己的汉语教学技能。在备课方面，要备教材、备学生，提高自己的文化知识储备，预防在课堂中可能出现的问题。在教学方式和课堂活动的组织方面，要整体考虑、综合运用，思考方式是否恰当，学生是否愿意接受和需要，是否有助于教学的进行，以及教学中涉及的文化因素是否恰当合适都要纳入考虑的范围。

汉语声调不难

案例类别： 汉语教学类	**地区：** 中国
汉语水平： 初级、中级	**课型：** 辅导课
对象： 多国别预科生	**作者：** 高琬昕

案例描述

陈老师是天津大学国际教育学院的一名老师，平时工作认真负责，在课堂中总能发现学生们的问题并及时纠正，许多留学生都喜欢上陈老师的汉语课。具有丰富教学经验的陈老师发现了留学生的“通病”：许多留学生说汉语不地道的原因是发不准汉语声调，这对交际产生了一定的影响。陈老师向学生们询问后得知，学生开始学习汉语时，并没有系统地学习过声调，对声调不够重视。为了让留学生更好地进步，陈老师决定选取一个休息日，让留学生自愿参加一节声调教学课程。

这天，同学们都积极参加了课外辅导。陈老师在正式教学前，让每位同学听了一段音频，把音频里的每个字的声调都标注出来。课程正式开始后，陈老师打破了留学生之前对声调的认识，他把四个声调分成两个组，一声与三声是高低组合；二声四声是升降组合，并配合手势讲解。同学们对用肢体语言配合声调发音的学习方式感到非常新奇，纷纷配合老师一边用手比画，一边说出 ā、á、ǎ、à。总体教学效果不错，有几位同学虽然手势做得对，但是声调与手势并不匹配，并且纠正几次后还出现同样的错误，这让陈老师哭笑不得。

其中一位来自哈萨克斯坦的学生一直是手势比画得对，但声调一直说错，引得同学们哈哈大笑，这位同学听到大家笑他，马上红了脸，把头低下去，不想继续和老师一起做手势、发音了。陈老师让大家鼓励鼓励这位同学，同学们不再发出笑声，这位同学最终鼓起勇气发出了正确的声调，陈老师带领其他同学给这位同学掌声，并且称赞了他。

接下来，是整个拼音的声调学习，陈老师告诉大家声调之所以非常重要，是因为声调有分辨意义的作用，并举出不同的示例来向大家说明。这个环节，陈老师设计了一个游戏，两个同学组成一组，陈老师告诉其中一个同学一个指定声调并让这位同学发出这个声调，他的搭档说出这是什么声调，看是否与陈老师指定的相同。这个游戏大家的参与度很高，绝大部分同学都能说对。同学们学习声调的兴趣被激发出来。

下一个环节，陈老师给同学们讲解四种声调两两组合，共有 16 种组合，带领同学们一一朗读。因为这个环节是进阶阶段，许多同学感到混乱，陈老师对特殊声调组合进行单独讲解，如三声和三声组合，发出的声调是二声和三声，同学们逐渐掌握了规律。

课程的最后环节，检验这节课所学成果，陈老师再次播放听力音频让大家写出听到的声调并说出这节课的感受和想法。同学们都认为收获了很多，以前从来没有单独上过声调教学课，这节课非常有用，对提高自身的汉语水平有很大的帮助。

案例分析

国际中文教育的教学内容要与留学生的实际情况相结合，要选取留学生需求大的内容进行教学。在教学之前做好充分的准备应对各种可能出现的教学状况。

陈老师凭借多年的教学经验，选取声调来进行教学，这个内容在目前的国际中文教育中是比较不被重视的，又是留学生学好汉语必不可少的。课前检测学生们的水平和课后检验教学效果很有必要，不仅能知道学生的汉语水平，还能在课程后知晓课堂效果。

对于嘲笑同学的行为要及时制止，并且要鼓励说错的学生，不要给留学生造成心理阴影。通过游戏让较为枯燥的内容变得生动有趣。运用肢体语言配合教学也让学生想要参与其中，教师在课堂上好比一个演员，在课堂中使用肢体语言，能够让同学通过视觉更直观地认识到老师所要表达的意思，加深认识，可以激发学生的学习兴趣，提高学生学习的积极主动性，活跃课堂气氛，更好地实现教学目标，让声调这个单纯的知识动起来。

声调教学新方法

案例类别：汉语教学类　　**地区：**中国
汉语水平：中级　　**课型：**语音课
对象：多国别预科生　　**作者：**高特

案例描述

陈宏老师是天津大学国际教育学院的老师，有着丰富的国际中文教学经验，她在教授留学生汉语声调的时候，发现很多留学生都存在发音不准的问题，便对此问题进行了深入的研究。在对声调教学进行重新思考后，她给中级水平的留学生上了一堂针对声调的教学课，并对教学效果进行了检测和分析。作为陈宏老师的学生，本人有幸旁听了这堂课，并协助老师进行了数据的采集和整理，收获颇丰。

首先对陈宏老师的声调教学思路和课堂流程进行介绍。老师将四个声调画成非常清晰的线图，一声高而平，在图的最上方；二声从最低的位置升到最高的位置，酷似一条从左下到右上的对角线；四声和二声呈对称关系；三声在图的最下方，画了一个比较平缓的拱起，和赵元仁先生的五度标调法有所区别。陈宏老师组织同学对这四个声调进行学习，然后将声调带入汉语拼音中，分为单音节和双音节的拼音再进行学习和练习，对每个音都做了详细的讲解，包括 20 种不同声调的双音节词语的拼读。

其次，分析一下学生在声调学习方面的问题。在课堂的开始阶段，陈宏老师先询问了同学们在声调学习过程中的体验和对汉语声调的理解，发现很少有学生系统学习过汉语声调，有的学生在课堂上零散地听老师介绍过，在词汇教学中会提一点儿，但也不是很完整详细；有的学生发现自己声调发音出现问题，主动解决问题，使用数字教学资源听了有关声调的课，但是效果不理想。学生们从听力和口语表达两个角度反映了自己的声调难题，在听声调上，可以分辨出一些声调，听不懂的就联系上下文进行猜测，有的时候猜得也不准；在口语上，一开始学习的时候声调就是错的，此后也没有进行过专门的声调练习，运用中文进行交际时对方勉强可以听懂，但总是会出错，说着一种“只可意会不可言传式”汉语，但是自己也没办法帮自己纠正声调错误，于是破罐子破摔，声调成了没有办法解决的问题。

案例分析

陈宏老师的课堂经验丰富，整个课堂气氛活跃，学生的学习效果都非常好，对我们这些国际汉语新手教师来说，这是具有高度示范作用的观摩课。以下总结几点从课堂中学到的经验。

一、以学生为中心

一方面，教师与学生的互动应该贯穿整个课堂的教学活动，既要有教师讲解和提问给学生提供刺激，也要有学生以操练和回答做出反应。教师就学习结果给学生提供反馈信息，在获得反馈的基础上，学生改进了的学习和教师调整后的教学又形成新的反应。师生之间如此不断地互动往复，把教和学的活动向前推进。在教学的每个环节，师生之间都要有密切配合的互动。在陈宏老师的课堂上，她先对学生的语音知识和学习态度进行了了解，针对学生学习的难点进行重点讲解。在课堂上，她针对每个学生的发音特点予以指导，在与学生进行互动练习游戏时，每个学生出错频率比较高的声调她都会记住，并重点锻炼该声调。另一方面，教师对学生的态度也在不知不觉中对学生的学习产生影响。对学生多加鼓励和肯定，可以调动学生上课的兴奋度和参与度，每次学生发对音和回答对问题陈宏老师都给予肯定，观察留学生的上课状态，他们被夸奖之后都非常开心；有的学生发音不准，陈宏老师就非常耐心地指导，学生就更努力地想掌握该知识点，整个课堂的气氛轻松且热烈，学生的学习态度也非常积极。

二、多种教学方法综合运用

运用多种教学方法可以使学生从多种途径获取知识。在陈宏老师的声调课堂上，可以很清晰地看到听说法运用痕迹。听说法倡导反复操练，用模仿、重复、记忆的手法使学生形成习惯，这非常适用于语音教学。学生在课堂上对老师的发音进行模仿，然后以多种方式反复操练，包括声调训练、单字训练和多字训练等，强化刺激反应而形成新的发音习惯。在介绍声调知识的时候，陈宏老师巧妙地调动了学生的视听感知，每个声调配合一个小图片，比如一声配了一个人朝山谷大喊的图片，二声配了一个人露出疑惑的表情的图片，这样就运用了学生的视听完成了知识的讲解，学生们对此产生了深刻的印象。全身反应法的运用也非常巧妙和有效，陈宏老师为每个声调都设计了一个动作，以表示声调变化的趋势，学生们配合着手势发音，效果很好，并且增添了课堂的趣味性。

三、精讲多练

采取多种练习方式，使学生得到充分的实践，检验自己的学习成果。陈宏老师的课堂中，讲与练的比例大致控制在 3∶7，先用生动简洁的形式给学生讲解了声调的相关知识，同学们很快理解了不同的声调应该怎么发，和几个特殊的变体；紧接着运用大量的练习，包括每个人单独说、同桌对话说，以及随机两人配合说，使学生们在听声调和说声调上都有了大量的实践。对比课前和课后对学生进行的声调测试结果，学生们的读音有了非常明显的进步，尤其是在二声和三声这两个留学生的发音难点上进步尤为明显。这充分证明了在语音教学的课堂中练习的重要性，只做知识讲解，学生很快就会忘记，并且不会运用，只有通过练习进行强化，才能使学到的知识内化。

第一节 语音课

案例类别：汉语教学类	**地区**：中国
汉语水平：初级	**课型**：语音课
对象：零基础汉语学习者	**作者**：赵芷愔

案例描述

寒假期间我参加了汉教短期实习项目，主要工作内容有两部分，一部分是作为主讲教师，工作内容主要是在前期和学生沟通后，根据学生的实际学习情况制定教学大纲和内容，另外一部分是作为助教，全程跟踪课程进度，在上课过程中配合主讲老师辅助教学顺利进行，课后完成教学反馈。

在第一个阶段的教学过程中，我作为主讲教师进行教学。授课对象是年龄约20岁的美国学生，和我算是同龄人。这是我第一次一对一地进行授课，学生的中文水平为零，目前待业，在墨西哥度假，准备今年九月份寻找合适机会来中国工作。由于学生是零基础学汉语，在前期的备课过程中我需要充分考虑学生的心理特征和学习需求。

由于学生之前没有任何中文基础，所以前三节的课程内容安排如下：第一节课认识四个声调，学习声母、单韵母；第二节课为复合韵母教学；第三节课为鼻韵母教学及拼音拼合规律。

第一节课上课前，我和学生做了简单的自我介绍，在轻松愉悦的氛围中和学生初步建立起信任的关系。由于这是第一节正式课程，为了保证后续课程的顺利展开，达到良好的教学效果，我在正式讲授知识前首先明确了三部分内容，一是课程要求，明确上课要准时、及时做笔记，课后勤复习。这样做的目的是建立课程规范，同时树立教师威信。二是教授了简单的中文课堂用语，例如：上课、下课、请和我读、好、非常好。这样做的目的是在初级课堂中营造中文语境，减少媒介语的使用，更好地帮助学生学习中文。三是介绍中文，并和英语进行简单对比，明确中文是由汉字书写，并非字母。同时我们使用拼音来为汉字注音。这样做的目的是更好地引入拼音教学，以及声母、韵母、声调的具体教学。

在第一节课的教学过程中，首先讲解四个声调的读音。创设坐过山车的情境来引入声调教学，一声为起步状态，二声为上升状态，三声为起伏状态，四声为下降状态。这样做的目的是使学生在大脑中对于抽象的声调有初步的认知。教师运用语音教学中的演示法、手势法使得学生能够快速跟读，在声调教学中，三声一直是教学的重难点，如何引导学生正确发出三声是教师应该思考的重点。本节课的教学完成度高，在教师领读带读后，学生能够流畅地发出三声音调。并且能够根据老师不同的教学手势发出对应的声调。

第二部分是声母的教学，在声母教学中，我用英文单词来带读发音较难的声母，取得了良好的教学效果。例如，学生在发 j 的时候，告诉学生它的发音类似于英文中的 jeep；学生在发 c 时，告诉学生 c 的发音类似于英文中的 cats，学生就能很快明白你的意思。对于送气音和不送气音，例如 b 和 p，d 和 t，通过显示气流的变化，学生能较为准确地发出来。我在备课过程中准备了一个教学视频，视频中能够清晰地显示出来口腔内部舌位高低前后的变化，以及硬腭软腭的位置，目的是使学生能够和自己的发音进行对比，对发音不够清楚的，教师不容易展示的声母再次进行纠正和补充学习。但是在实际教学过程中，由于没有提前演示 PPT，该教学片段未能播放出来，我只能改变原教学计划，再次带领学生进行声母朗读。

第三部分是单韵母教学，在教学过程中，我采用夸张法、带音法进行教学，在展示 ɑ、o、e 这三个韵母时，我重点展示发音时嘴巴的变化，目的是让学生体会这三个韵母发音的区别。学习“ü”时，采用从“i”过渡到“ü”的方法，因为“i”“ü”的发音除了嘴唇的形状不同以外，其他发音部位完全相同。“o”的发音很难，学生发出的常常是复合元音“ɑo”“ou”或“uo”。

学生听不准老师的发音，很难模仿，仔细观察他们的口形，总是滑动的，所以出现了复合音。因此，要让学生听准发音，让他们知道单元音的嘴唇稍微拢圆，但是嘴唇是不动的。

第四部分是复合韵母的教学，复合韵母的发音比较容易。单元音的发音是基础，这个基础打好了，复合韵母的发音就不在话下了。从开始的元音不间断地向第二音（第三个音）滑动，开口度大的重读，最后自然地读成一个复合音。在复韵母的教学中，我首先解释了复韵母是由两个或三个单韵母组合而成的，先分别带读单韵母，最后拼合成复韵母。在教授完所有的声调、声母、韵母后，我又带领学生进行声母、韵母、声调三部分的拼合练习，并配合相对应的汉字和英文，这样做的目的是复习巩固声调的内容，引出声调有区别意义的作用，同时激发学生的学习兴趣，能够运用所学知识拼读拼音。

第五部分为鼻韵母的发音，难点是如何区分前鼻韵母中的“-n”和后鼻韵母中的“-ng”。教学时，先让学生体会鼻音，闭合口腔的各发音器官，让气流从鼻腔出来，震动声带。顾名思义，前鼻韵母在发音时舌尖起作用，舌尖要抵住上齿龈；后鼻韵母发音时舌根起作用，舌根要抬起抵住软腭（口腔上部是硬腭，后面就是软腭，再后面是小舌），这就是区别。

案例分析

新手教师在教学前，需要充分了解学生的学习情况和学生的学习要求。根据学生的实际情况备课，在上课前应该提前播放课件，保证教学的流畅性，避免出现课件卡壳的问题。在声韵母教学中，如果口形不到位，就会导致发音不准确。上课时先请学生仔细看清老师的口形听声音，解说是如何读的，再请学生跟读、模仿，逐个纠正指导。教师在授课中可以将多种教学法相结合，不必拘泥于一种教学法。除了注重教师的示范外，还可运用字母组合让学生掌握发音规律。教师做重点示范并引导学生的口形变化，经过模仿训练，学生的口形到位了，拼音也读得准确了。

第一次见面

案例类别： 汉语教学类　　**地区：** 朝鲜
汉语水平： 中级　　**课型：** 辅导课
对象： 朝鲜小学生　　**作者：** 黄元柱（朝鲜）

案例描述

其实，我从来没有教过学生，只做过一次一对二的教学，也不能说是教学，就是辅导学习罢了，时间也不长，只有一个月，我们见面的地方也不是教室，是在学生家做辅导学习。她们俩是姐妹关系，大的11岁，小的8岁。我跟她们的父母很熟，她们跟自己的父母一起在中国生活了大概一年多，也是在中国学习的汉语。可她们毕竟是孩子，当时的汉语水平不太高。所以，我去辅导她们学习汉语。

第一次见面，我希望能跟她们建立起信任，让她们从一开始就不排斥我。因为我知道，她们刚回到祖国，年纪也还小，换老师时学生多多少少会对原来的老师有所留恋，所以我希望把最好的一面展现给她们，让她们觉得虽然换了老师，但是并不会影响她们学习汉语。

第一次见面是我和她们互相认识、建立信任的开始，如果第一次见面就跟她们有非常好的互动，并能被她们所接受和信任，那么之后的见面势必会轻松很多。相反，如果第一次见面给她们的印象是枯燥、无趣的，那么以后要弥补起来就要花更大的力气。因此，我非常重视“第一堂课”。

首先，是我形象的问题。考虑到她们的年纪还小，再加上我本身确实也只是刚毕业没多久的新手“教师”，所以我跟她们见面的时候尽量选择比较成熟的衣服，戴黑框眼镜，显得成熟、专业，有经验一些。

其次，因为她们在国外生活，所以我先向她们的父母问了问孩子的情况，比如：她们的汉语水平如何，她们的性格是比较活跃还是比较安静，有没有比较特殊的爱好和习惯。当然，我还了解了她们在中国学习的课本内容。其实，我觉得和当地的教师沟通非常重要，但是，她们以前的老师是中国老师，所以，只能我自己主动了解她们的实际情况。

做好充分准备以后，我终于跟她们见面了。我首先跟她们打招呼，她们出乎意料地安静和害羞，这对我真是当头一棒。一般来说，这个年龄的孩子都是非常热情活泼的呀。当时，我还不到 25 岁，所以不太了解孩子们的性格，特别是女孩子们。

我先自我介绍了一番，然后请她们做自我介绍，因为我很主动地说了自己的名字、年龄、爱好，她们很让我意外地跟着我的模式开始做自我介绍。在她们自我介绍时，我发现了一个意想不到的情况，虽然小妹比姐姐小三岁，但是她的汉语水平比姐姐高，发音也非常正确，而且性格也是外向的，相反，姐姐有点害羞，她的发音比小妹还差一点。

她们在自我介绍时，我很快把她们的名字、年龄、爱好在头脑中记下来。这个环节既可以和她们拉近距离，也使我了解了她们的语言水平。不到五分钟，我就记下了不少的信息。

接着，为了了解她们的汉语水平，我进行了一个简单的考试。这个时候，我才发现姐姐虽然发音比小妹差一点，但是，她在写字和造句方面比小妹水平高，相反，小妹写汉字写得不好，有的汉字可以念，但不会写。了解了她们俩的水平后，我就能注意她们俩在各方面的差异，做到因材施教。

案例分析

无论是在国内还是在海外，第一堂课都至关重要。如果说长期的教学过程可以让学生深入了解教师的专业水平和教学风格，那么第一次课则会决定学生对教师的态度，甚至会决定他们是否乐意从心底里接纳教师。

一般新手教师第一节课都会有一些紧张，也会有很多顾虑和担心，比如担心自己准备得不够充分，担心由于语言不通会造成沟通障碍，担心会出现意想不到的课堂问题，担心学生不喜欢自己等。为了降低紧张情绪带来的负面影响，教师要尽可能地做好课前准备，让自己在自我形象、精神状态等方面充满信心。

第一次课面对的可能是全新的班级和学生，也有可能是其他教师教过的班级。面对前一种情况，教师比较容易和学生达成默契，而后一种情况则需要让学生尽快熟悉新老师，并尽早让他们摆脱前任老师的影响。第一次上课，教师要认真观察学生的反应，注意学生的特点，以便在今后的教学中做到因材施教。该案例中的老师除了在个人形象上有所准备，还主动跟学生家长进行交流，做到了“有备而来”。

通常情况下，教师可以从以下方面为第一次课做好准备：(1) 得体的衣着；(2) 良好的精神状态；(3) 适当的教学内容；(4) 对学生情况的全面了解。在衣着方面，要慎重考虑本地的着装习惯和要求，入乡随俗。有些国家和地区，对教师的着装要求比较严格。

将学习者的母语利用起来

案例类别：汉语教学类　　**地区：**斯洛伐克

汉语水平：初级　　**课型：**汉语选修课

对象：斯洛伐克马杰·伊贝尔大学政治与国际关系学院学生　　**作者：**张国英

案例描述

我是一名汉语教师志愿者，任教国家为斯洛伐克，任教地点是马杰·伊贝尔大学政治与国际关系学院，负责该学院汉语选修课初级班的教学，教学内容包括汉语拼音拼读、汉字书写、日常用语表达等。

在我任教的这一学期内，汉语课初级班的学生为 28 人，均为该学院的学生，汉语水平均为零基础。这些学生对于汉语及中国文化抱有极大兴趣，在多门语言选修课中选择了汉语课，因此学生们的上课态度都十分认真，希望学有所得，学有所用。我和学生们的教与学的过程比较顺利，但也偶有磨合。我也在教学过程中发现了一些非常有意思的规律性问题，并尝试总结解决办法，丰富自己的教学经验。

在汉语拼音教学阶段，我发现对于学生们某几个汉语拼音声母的读音记忆产生错误的频率极高，比如声母 j[tɕ]、q[tɕ’]、x[ɕ]，当地学生在学习过程中会经常把它们读成 j[j]、q[kv]、x[ks]。学生们在老师领读的时候基本上都能记住正确的读音，但是在后续自己练习以及拼读的时候就会经常读错。最开始我也感到困惑，为什么大多数学生都会把 j[tɕ]、q[tɕ’]、x[ɕ]读成 j[j]、q[kv]、x[ks]？与此同时，我还发现 b、d、g 读错的概率虽相对较低，但也有明显的规律性。这种规律性错误一定存在某种原因。

由于我初到斯洛伐克，对于斯洛伐克语的掌握也非常有限，因而并没有很快找到其中的原因。但随着时间的推移，我对斯洛伐克语言文化的了解逐渐加深，便找到了根源所在。汉语拼音中的声母 j、q、x 的发音与斯洛伐克语字母的 j、q、x 的发音大不相同，因而学生在学习时非常容易将汉语声母读成斯洛伐克语字母的发音。汉语中的 b、d、g 为不送气清音[p]、[t]、[k]，但当地学生根据其母语的习惯，极容易读成[b]、[d]、[g]。

找到原因后，我便在每次涉及此类声母的练习时都着重强调，以便引起学生对这类声母读音的重视。其实汉语拼音字母与斯洛伐克语字母的读音有一部分是相似的，学生记忆起来也相对容易。而声母 j、q、x 也可以类比斯洛伐克语中同三者相似发音的字母：j 音类似于斯洛伐克语中的“ť”；q 音类似于斯洛伐克语中的“č”；x 音类似于斯洛伐克语中的“š”。这样的类比对 j、q、x 的教学帮助很大，也易于学生记忆。

此后，我系统地将汉语拼音声母同斯洛伐克语字母发音进行了对比，并用表格的方式展示给学生。表格如下。

汉语拼音声母	斯洛伐克语字母
b[p]	b[b]
p[p’]	p[p]
m[m]	m[m]
f[f]	f[f]
d[t]	d[d]
t[t’]	t[t]
n[n]	n[n]
l[l]	l[l]
g[k]	g[g]
k[k’]	k[k]
h[x]	h[h]
j[tɕ]	j[j]
q[tɕ’]	q[kv]
x[ɕ]	x[ks]
zh[tʂ]	
ch[tʂ’]	ch[x]
sh[ʂ]	
r[ʐ]	r[r]
z[ts]	z[z]

续表

汉语拼音声母	斯洛伐克语字母
c[ʦ’]	c[ʦ]
s[s]	s[s]

通过对比总结，我对汉语拼音教学的重难点有了更具针对性的认知与把握。学生们在学习过程中也能引起重视，大大提高了学习效率。

案例分析

在非目的语环境中，利用母语也是第二语言教与学的一大优势，因此在语言教学过程中，适当增加汉语与学习者母语之间的联系与对比，将母语利用起来，对非目的语环境下的汉语教学很有必要。

在汉语拼音教学过程中，由于汉语拼音与斯洛伐克语中的某些字母发音大不相同，因而学生在拼读中产生过许多语音偏误。斯洛伐克语属于一种基本可以“见字读音”的语言。因而学生在学习汉语拼音时很容易受到母语的影响。因此，我系统地将汉语拼音声母同斯洛伐克语字母发音进行对比，向学生明确汉语拼音和斯洛伐克语字母读音的异同，能够有效地提醒学生在学习和练习过程中注意二者的差别，减少母语的负迁移作用。

在此基础上，我发现教学过程中积累归纳学生的各种偏误并分析原因用于教学真的很有必要，这样可以在当地学习者容易出错的地方给予提示或重点强调，从而减少偏误，提高教学效率。

“老师，这个字怎么念？”

案例类别：汉语教学类　　**地区：**越南

汉语水平：初级　　**课型：**辅导课

对象：越南成年人　　**作者：**陈吴天庄（越南）

案例描述

2020 年从天津大学汉语言专业本科毕业后，我回到越南，刚回国不久，有一位姐姐请我去她的汉语培训中心当老师。一开始，我有些犹豫，觉得自己也只是刚离开学校课堂的学生，对“教学”真的是一无所知，但是再仔细一想，如果能通过这份工作来积累一些教学经验，那也是很好的。而且我也曾经当过一段时间的汉语培训班助教，对课堂教学的流程也有些了解。想来想去，我最后还是答应了姐姐的邀请。

我旁听了一个月其他老师的课，基本上了解了培训班的教学方式，也试讲了两次课，积累了一些讲课的经验。但是，我带的第一个汉语班在开课之前就发生了出乎意料的事情。因为新冠肺炎疫情的影响，我的线下班改成了线上班，而我从前接触过的教学全都是在线下进行的，突发的疫情，让我十分尴尬。我本来想推后等线下能上课的时候再上，但是姐姐说班里的学生想要线上上课，因此作为老师的我也不能拒绝。

我的学生共有 5 个，全都是越南人。根据学生报名单的信息，我知道他们都是做生意的，年龄从 27~36 岁，汉语水平为 HSK 2 级。

了解了学生的背景，我开始准备上课的内容。这些学生都已经通过 HSK 2 级考试，因此我选择了 HSK 3 级的教程，这套教程还包括练习册，方便给学生布置作业。我这个班一周上 3 次课，每次课一个半小时，按照中心的培养计划，初级班需要在两个半月内完成学习，学生上完初级班会达到 HSK 3 级的水平。学生之前接触汉语比较少，但现在他们的工作都需要使用汉语口语，因此我在备课的时候会稍微注重口语这个方面，让学生尽快能说汉语。

很快我上完了第一课，一切还算顺利。我让学生们一个一个介绍自己的名字、年龄和工作。有两个男同学叫成明和黄龙，另外三个女同学叫芳草、秋水和明庄。通过学生的简介我大概了解了他们的口语水平，基本上都没问题。

我按照 HSK 3 级教程去设计教案，每上完一课，我会按 HSK 3 级练习册给学生布置作业，对应的内容能够让他们反复练习。我教学的目标集中在口语技能上。上课前，我用 10 分钟时间跟大家用中文进行问候，聊聊一天的工作。接下来的 10 分钟，通过造句练习，帮大家复习上节课的内容。除此以外，在课堂教学中，我还会使用中文讲一些口令，比如“一起读”“跟我读”“打开书”等，这样能培养学生对汉语听力的敏感性。

因为是线上教学，所以写字这个部分不像在课堂上操作那么容易，最后我在网上搜索汉字笔顺的短视频播放给学生，这样学生比较容易接受。同时，我觉得线上学习可能会让学生觉得无聊，在设计内容的时候，我尽量用图片替换汉字，让学生猜猜词汇的意思，这样既能让学生对词汇有更深刻的记忆，又能吸引学生的注意力。

第一周结束，中心让学生填写教学评价，调查结果显示所有学生都对我的教学方法比较满意。这件事使我很高兴。万事开头难，总以为迈过这个门槛一切就会顺顺利利，但是教学并不是我想象中那么简单。我上课的第二周问题出现了。还记得那天，我的电脑突然发生故障，我准备的所有教案和 PPT 全都打不开，而且再过 10 分钟就到上课的时间，为了避免耽误学生的时间，我只能把今天要讲的内容尽快输入到 word 文档中。跟学生用中文交流问候的第一部分几乎没有什么问题，但是一到复习上节课的内容时问题就出现了。因为来不及准备，我直接在 word 文档上打字，让学生读。我先叫成明朗读，他看了一遍内容，嘴里打着嘟噜，几乎听不清他的声音。我让他再读一遍，但他还是读错了大部分内容。我接着叫芳草阅读，还是一样的情况，很多汉字她也认不出。5 个人的班，2 个人不认识字，我想，很有可能他们在家没复习好，所以我决定再叫秋水来读，但是结果却让我大吃一惊，很简单的几个 HSK 1 级的词，她看着我提问：“老师，这个字怎么念？”这个提问使我很惊讶，上课的时候，学生的表现很不错，而且用汉语简单交流的时候，他们说了很多，发音也很好，我还以为我教学的方法没问题。现在一个班超过 50%的学生认不出汉字，的确是我疏漏了什么。我愣了一会儿，然后吸了一口气，平静下来完成剩下的课程。

下课后，我觉得今天学生表现出来的问题并不简单，于是我决定找出答案。因为是线上的课，所以每次课我都会录下来。我先把所有的上课视频看了一遍，看完以后，我又看了教案和 PPT 的内容。重复看了好几遍，我还是找不出问题所在。心里对上节课的事情总是不安，我决定寻求姐姐的帮助，毕竟她是有经验的人。在听完我的陈述后，她看了一遍我的 PPT，很快就找出问题，她说：“你看，你的 PPT，所有汉字头上都带着拼音。”我一听姐姐说的这句话，一下子就发现了自己的问题。因为我常常把拼音放在每个字的头上，学生就只看拼音，忽略了汉字，因此每次上课时，大家都读得很不错，实际上全是看拼音读的。只要没有拼音，学生就不知道怎么读。姐姐看了我的教学视频后还建议我在教学的过程不要太注重口语技能而忽略了其他内容，虽然教学对象需要使用汉语交际，但同时也需要看懂汉字。听了姐姐的意见，我也发现自己在教学的过程中对口语方面有些过度看重。

当意识到问题之后，我开始调整自己的教学方法和备课的内容。首先，对生词我还是留下拼音，已经学过的词汇不会再标拼音，如果学生不记得拼音，这个时候我才会添加拼音。毕竟他们还是初级阶段的水平，如果把所有拼音都去掉可能会打击他们学习的信心。其次，姐姐建议我在教学过程中应该平衡听说读写 4 个技能，不要只注重其中一个。因此我调整了后续课程的内容，比如今天练习听和说，下一次课就会有读和写，这样穿插进行，不会漏掉任何技能。但是线上课，写字会比较麻烦，因此在布置作业的时候，我会让学生把所有题和答案都写出来，然后拍照发给我。这样我能帮学生批改写的字，学生也能复习汉字。

我调整教学方法的两周后，学生虽然觉得有点辛苦，但是却有了明显的进步。不标拼音的课文，同学们都能读出来，而且还比较流利。甚至，学生还能用汉字发短信聊天，向我提问。同学们的表现足以证明我的调整已经起到作用，这个结果对我来说是一个很大的支持。

案例分析

转眼之间，我的第一个汉语辅导班已经结课。通过这次的教学，我学到了很多书上没有的经验。首先需要了解学生掌握的所有汉语技能，因为不是所有学生都能了解自己的水平。其次教学的方法应该平衡语言的各方面技能，不能太看重其中一个。不正确的教学方法会直接影响学生对外语的认识。最后，我个人觉得教学不是简单的事情，需要教师具备教育学知识，我虽然是汉语言专业的毕业生，但是毕竟没有学过教育学的课程，因此对课堂的掌握并不足够。为了汉语教学的事业，我决定继续攻读汉语国际教育专业硕士学位，一边提高自己的汉语能力，一边能学到规范的教学技能。

合理使用视频和音频

案例类别：汉语教学类	**地区：**中国
汉语水平：初级	**课型：**辅导课
对象：多国别预科生	**作者：**陈王淼

案例描述

2020 年 10 月份，我成为天津大学国际教育学院预科系的助教，在线上帮助所在班级的 11 位同学练习发音、复习词汇。由于学生上了一天的课比较累，因此在授课时，为了吸引学生兴趣，加强学生对中国传统文化以及当代中国的了解，我尝试在课程开始时播放中国电影以及中国音乐，并在课程中运用有趣的动画视频辅助教学。由于学生的年纪都比较小，所以我会选取中国的动画电影，如《姜子牙》《大圣归来》《哪吒之魔童降生》等。这些动画电影蕴含着丰富的中国传统文化，也能彰显中国目前在动画电影制作方面科技实力的进步，具有很强的代表性。考虑到课程时长，大多选取预告片或者精彩片段进行播放。此外，也有《流浪地球》《十二生肖》等电影，使学生在云端也能体会到中国现代文化的发展。在播放完电影以及音乐后，我会用英文对影片或者歌曲的内容进行介绍，帮助学生理解。这种形式虽然能够吸引学生，但是和课程内容关系较小，因此，结束此环节进入到正式的课程中时，学生存在思路转换不过来的情况，一定程度上影响了学生的学习效率。因此，我开始思考新的复习课形式。

我积极找其他具有经验的老师进行沟通交流，最终决定开展系列展示课，拟展示的主题有：介绍自己的家庭、介绍自己国家的景点。我积极搜集天津大学宣传片、中国传统文化公益短片、中国发展宣传片分享给学生，并且将作业提前一星期布置给同学们，让学生自己选择感兴趣的主题并制作 PPT 进行展示。第一节展示课的时候，学生自行决定出场顺序。但是在展示的过程中出现了问题。学生没有控制好时长，有的学生展示时间接近半小时，有的学生展示的内容过多过难，无法用汉语进行阐释，用英语进行介绍就失去了汉语课口语练习的意义。因此，课后我积极总结经验教训，制定详细的展示规则：首先，介绍自己家庭的时候从家庭成员人数、年龄、工作以及日常生活方向展开；其次，介绍自己国家的时候从基本情况（国名、中文国名、官方语言、官方货币等）入手，美食、景点（基本情况）几个方面可任选其一；再次，所有的展示内容都要用汉语表达，时长不超过 10 分钟；最后，所有 PPT 都要提前发给老师进行检查。明确了这些细则以后，学生的展示环节变得更加高效，并且老师通过检查 PPT 可以发现学生的一些错误，帮助学生改正，也能加强师生之间的沟通交流。在展示完毕以后，教师引导学生进行互动，帮助学生提高交际能力，也让学生对不同国家有一定的了解，扩展学生视野。

在授课过程中，我也会搜集与教学内容有关的视频，比如在复习家庭成员这一课时，我在宝宝巴士搜到与家庭成员有关的动画视频，并用这个视频进行辅助教学，学生反响较好。

案例分析

教师在选择教学方法、设计教学活动时，要从教学对象本身出发，充分分析教学对象的特点以及学习动机，并且要细致观察学生，充分挖掘学生的兴趣点，根据教学对象的反馈注重发挥教师自己的创新精神，提高课堂的趣味性，只有这样，教师才能跳出舒适区，不断进步，国际汉语教学才能不断发展。

在教学过程中，我们既要关注教学法、教学内容以及教师本身的专业知识，还要对讲课内容足够熟悉。汉语本体知识是基本功，能够教好学生、吸引学生，教得有兴趣、教得有效率才是硬本领，教好学生、吸引学生、提高学生兴趣是一个建立良好师生关系、打造良好课堂的过程。这个过程中，教学管理发挥着非常重要的作用，它和实际的教学息息相关。在教学过程中，我们一方面要想着创新，另一方面也要在心理上和实际工作中做好充分的准备。在心理上要及时考虑多种课上可能出现的问题。在上课前尤其是第一次上课之前要提前到授课环境中实地考察，熟悉教学环境、教学设备，避免一些无谓失误。

教学组织与教学管理篇

止不住的奇怪声音

案例类别：教学组织与教学管理类　　地区：澳大利亚
汉语水平：初级　　课型：综合课
对象：澳大利亚小学生　　作者：况哲宇

案例描述

2018 年我有幸成为昆士兰大学孔子学院的一名汉语教师志愿者，在澳大利亚布里斯班的希尔斯国际学校小学部进行为期一年的海外教学活动。

案例发生在一年级 A 班，在一节课上，在学习新内容前我想通过提问的方式带大家复习上一专题学过的内容。在提问时有的学生因为急于回答而发出了急切的“嗯嗯嗯”的声音，试图吸引我的注意，一开始我没有在意，继续提问学生，但我很快发现其他学生开始模仿这种做法，满教室都是急切的“嗯嗯嗯”的声音。我说：“请大家不要发出这种声音了。”但是有的学生可能觉得很有趣，在后面我提出问题时还是不断地尝试发出这种声音，引得其他同学的大笑和模仿，几次提醒下来还是这样，我感到很无奈。在一次提问时，我指着一张图问学生：“谁能告诉我这个用中文怎么说？”学生再次发出了这种声音，又惹得很多学生跟着笑起来，我十分生气，感到之前已经好言好语提醒了多遍，为什么还要这样，有什么好笑的，于是忍无可忍大声训斥：“停止发出这种声音，这一点都不好笑！”可能是因为我的声音很大，话音落下后课堂上一片寂静。我想是不是吓到他们了，调整了情绪解释道：“这样一直发出声音会干扰课堂，也是对老师的不尊重。”在我说这些的过程中看到好几个学生互相交换眼神，眼神中带有抵触和无奈，让我感到很受打击。在这节课的后半段，尽管没有人继续发出那种声音了，但我感到和学生们的距离明显疏远了。

案例分析

在案例中，我在失去耐心的情况下对学生的行为发了火，大声呵斥。这在国内的学校里并不少见，志愿者们小时候也有过类似的经历，因此在遇到类似情况时不自觉就使用了过去被对待的方法。然而在澳大利亚的小学，老师对学生真正发火的情况非常罕见，我后来旁听过多名本地老师的课程，发现他们在给学生上课时也会遇到学生吵闹的情况，但处理的方法都是平等沟通，有的会说："我喜欢你，但不喜欢你做这件事，很抱歉，但我真的不喜欢，我相信其他同学们也不喜欢。"也有的说："你这样做让我很伤心，我们说好的在课堂上要认真听课。"这种明确表达自身感受的方法更容易获得学生的理解和支持，因为他们被当作平等的个体来对待，而中国的老师比较习惯权威的管理方式，用词往往是"不许""停止"等，带有命令性，这难免会激起外国学生的叛逆心理。另一个容易遇到的问题是，我意识到应该尊重学生，在管控课堂时经常使用商量的语气，很多学生却"不买账"，最终我忍无可忍，大声呵斥，给师生关系造成了不好的影响。如何温和而有力地抓住管理的缰绳是在这种师生平等文化下维持良好课堂秩序的关键所在。在案例中，我还忽视了一个重要的时间节点，就是第一个学生开始发出这种"嗯嗯嗯"的声音的那一刻。行为矫正理论认为课堂管理应运用先行控制策略，事先预防问题行为，在课堂上没有任何课堂问题的时候，恰恰是进行课堂管理的最好时机。因为有合适的环境让我们选择和实施控制策略，来提醒学生们可能出现的课堂问题，依据这一思路，对课堂问题的管控开始得越早，管控难度就越小，达成效果越好。因此当这个声音最开始出现的时候，我就应该及时制止，明确表达发出这样的声音会干扰到课堂秩序，影响老师上课。此时制止就不会有后面的集体模仿，以及部分学生在这个过程中情绪被调动起来难以停止错误行为的情况。学生在课堂中的不当行为就像火苗，当一点火星出现的时候，如果没有及时解决，抱着侥幸心理希望课堂问题能够自行消失，那这个火星势必会引起大火，解决起来会更加困难。不要抱有侥幸心理，直面课堂中出现的种种状况，是解决课堂问题最根本的策略。

怎么"拯救"你——作业

案例类别：教学组织与教学管理类　　**地区：**柬埔寨
汉语水平：初级、中级　　**课型：**综合课
对象：柬埔寨中学生　　**作者：**卢雪冬

案例描述

在柬埔寨教学时，我遇到了一个让人头疼的问题，不管作业留多留少，学生几乎不会在家完成，他们有的会早点来学校补作业，有的在课间补作业，有的甚至在课上补作业。我好几次去班里检查纪律时，都发现有学生在补作业。后来我了解到，柬埔寨是半日制教学模式，学生们除了要完成华校作业外，还要完成柬校的作业，有的学生白天上完华校、柬校的课后，晚上还去英文学校或日语学校学习，类似于我们中国的兴趣班。所以学生们的一天是非常紧张和忙碌的。

但是作业是对一天学习的回顾和复习，不能不留。于是我和学生们商定，我的华文作业会少布置一些，但第二天上课前我会检查每位同学的作业，不写作业的同学就站着听课。我以为他们听到这些会有所改变，但结果令我大吃一惊。我按照先前说的，课前检查他们的作业，没有写的站起来，结果班里的同学站起来三分之一。我很生气，想惩罚他们站着上完整堂课，可写板书时，有坐着的同学抱怨前面站着的同学挡住了他们的视线，无奈之下我只好让他们坐下。在布置作业上，我感觉被这些熊孩子们"打败"了。

在办公室里，我向有两年汉教经验的同事说起作业这个问题，他是位很严厉的男教师，班里的学生都听他的话，作业也完成得较好，他告诉我学生们有些"欺软怕硬"，教师首先要树立威信，对于自己明令告诉学生做到的，一定要严厉地监督他们执行。后来，再布置作业时，我明确告诉他们，如果第二天完不成作业，下课后就到办公室去写。第二天的华文课在第二节，我一早就到了教室检查作业，很多学生忙着补作业，我告诉他们，上课铃响我就检查作业，写不完的就去办公室补。

学生们都慌忙地补作业，虽然这种完成作业的方式与我的初衷不符，但最后结果是好的，只有个别的学生没有完成作业，我为了给全班同学树立规矩，把没完成作业的同学“请”到了办公室。因为办公室有年级主任，所以那几个学生很老实。在这之后，虽然还是有到校补作业的情况，但大部分学生都能按照我规定的时间交上作业，比较圆满地解决了作业问题。

案例分析

各国有各国的国情，各地也有各地的风土人情。遇到问题我们要先去找原因，具体问题具体分析才能解决问题，不能采用一贯的方式。柬埔寨的学生作业完成度不高有主观原因，也有客观原因，了解情况后，我先站在学生角度去想，去理解学生，在他们可以完成的前提下布置作业。有时我会在课上留五分钟让学生写作业，并看学生的表现增减作业，布置灵活操练的作业。总之灵活处理，目的是使学生建立复习和预习的意识，多动手写汉字。

Shut up!

案例类别：教学组织与教学管理类　　**地区**：中国
汉语水平：初级　　**课型**：辅导课
对象：多国别预科生　　**作者**：刘雪

案例描述

我是汉硕研究生，在校期间利用课余时间在天津大学国际教育学院给预科生代晚自习课。晚自习不太会涉及新知识的讲解，主要是对学生当天学习的知识进行复习和巩固，有的时候甚至不需要对全班讲解，学生在做作业的时候遇到问题可以单独求助老师，因此，我的任务较为轻松。

预科班的学生年龄在 20 岁上下，和我算是同龄人。这是我第一次作为一个班级的老师给这么多学生代课，这个班级的整体水平在预科班中算是中等偏上的，班里的学生生源比较分散，学生性格各不相同，汉语水平也有一些差异，这让我在处理与学生的关系上遇到了一些麻烦。

初到这个班级的时候，晚自习的任务还比较轻松，主要是看着学生做作业，在班级里随时指导学生。我为了和学生拉近关系，几乎一个半小时都不会坐下，一直在班级里来回转，看到学生有写错的笔顺就及时纠正，一个月下来，学生们都很喜欢我。那天，学生们告诉我，我是大家最喜欢的老师。可是后来我才知道，学生们喜欢我，一部分原因是因为我认真给学生纠错，还有一部分原因是我比其他老师英语说得好一些，学生能听得懂我在说什么。

两个月以后，我因为认真亲切的性格和学生迅速打成了一片，大家几乎成为“好朋友”。这时候问题就出现了，班里有两个学生年龄比较大，大概 25 岁了，据他们的班主任说，这两个学生平常上课就不太爱学习，但是都属于比较聪明的，有的时候自己课下偷偷学习，所以成绩算是中等偏下，并不是最差的。由于和我的关系像朋友一样，其中一个叫欧迪的男同学就经常和我开过分的玩笑，下课拿着我的手机到处跑，我没办法，只能在走廊上追他，其他班的同学都看到了，让我觉得很不好意思。

但是由于前期我和学生是以朋友的关系去相处的，从一开始就没有建立起作为教师的威信。几次口头管教了欧迪以后，欧迪还是没有改变，不仅在课下和我开过分的玩笑，在课堂上也总是说话，于是我和这个班的班主任联系，让班主任将欧迪调到了别的班进行自习。

只剩下了欧迪的好朋友拉比，拉比不像以前一样爱在课堂上开过分的玩笑了。但是有天晚自习，我在讲课，拉比却在玩手机，而且声音很大，我有些生气，跟拉比说："Shut up！" 拉比当场就有点不高兴，很严肃地用英语告诉我："以后不要对我这样说话。"我吓了一跳，因为平常要求同学们安静的时候一般都是用"Be quiet"，那天也不知道为什么就说出了"Shut up"。后来几天，拉比一直和我保持距离，上课也安静了，但是积极性仍然不高。直到第三个月，欧迪被调回这个班之后，拉比才又重新和老师恢复了"朋友关系"。

案例分析

这件事情以后，我反思了自己的行为，"Shut up" 在使用的时候会让人感到冒犯，但是我当时并没有想这么多，而拉比又是个自尊心比较强的成年人。还有一个原因是，他的好朋友欧迪不在班里了，他可能没有以前开心了。最重要的一点是，我在学生的心中是一个"朋友"的形象，所以拉比对我缺少敬畏心理。我意识到这点以后，在接下来的教学中逐渐做出调整，不再和学生开很多玩笑，和学生的距离保持在合适的程度，对于学生迟到、上课吃东西、说话的行为也及时而严肃地进行了处理，但是学生们并没有因此而不喜欢我，反而对我多了一分尊敬。虽然一个学期的晚自习课结束了，但是我在学生们心中仍然是最好的"朋友"，最好的"老师"。

初来乍到状况多，胸有成竹亦碰壁

案例类别：教学组织与教学管理类　　**地区：**中国
汉语水平：中级　　**课型：**听力课
对象：本科一年级留学生　　**作者：**龙茜

案例描述

我的本科专业为汉语国际教育，大四上学期在河北工业大学国际教育学院为专职教师助课，并有幸获得了一次给本科一年级留学生上课的机会。

我所助课的老师教授的课程是汉语听力，指导老师在上课之前已帮我规定了教学范围与具体流程，除了老师换了以外，其他一切教学活动照常进行，按部就班。在教学之前，我根据指导老师的课程要求，按照我的思路，将PPT内容进行了重新规划与设计，由于是第一次教留学生，为了保险起见，在正式教学前我对着舍友演练了两遍，整体自我感觉良好。除此之外，最让我有信心也非常激动的是，我将要教授的这个班有近三十位学生，我认识他们所有人，能叫出所有人的名字，跟部分同学的关系甚至非常要好。在此之前学院组织过留学生文化考察的活动，那次活动我全程参与到留学生的学习考察中，短短一周时间就同他们建立起了深厚友谊。

上课当天，我同指导老师早早地进入了教室。指导老师自然而然地坐到了教室最后面，而我则开始调试设备与PPT。在此之前，留学生们并不知道这节课由我来上，某些同学看到我确实显得有些惊喜和意外，在课前也纷纷和我嬉笑寒暄。

这个班的学生向来有上课迟到的习惯，这一点我在助课的时候是亲眼见证过的。果不其然，这节课也不例外，在上课铃响了后，居然有近十个学生没来。指导老师毕竟是他们的正式授课老师，对此非常生气，因为这次迟到的人数比往常要多一点，指导老师便让我先按照名单点名，这个环节不在预设之中。因为已经上课了，为了节省时间，我就没有一个一个地叫名字，毕竟我对这些留学生非常熟悉，直接对着名单扫视教室里的学生，一下子便找出了那几位迟到的学生名字。在“点名”期间，有一两位同学不慌不忙、优哉游哉地走了进来，看到是我站在讲台上，大吃一惊地说：“怎么是你？！”而后，全班同学爆笑，场面一片混乱。

我立即严肃地叫他们安静，并让后面进来的学生赶紧坐到位置上，点完名，整顿好纪律，加上之前指导老师的“发怒”时间，课堂时间已经过去十分钟了。

教学第一步是复习听写上节课的生词。听写之前，我带领大家齐读了一遍生词，并给予5分钟的时间让他们自由记忆。在他们记忆时，我巡视全场，发现有好几位同学连书都没拿出来，或是拿出来了但没有打开。我上前示意，让他们赶紧拿出书，但那几位同学同我关系很好，要么对着我笑，要么一个劲儿问我与课堂无关的话题。对此我最开始不予理会，但他们却穷追不舍，最后我只能无奈地随便回答几句。在此期间，我发现某位同学居然没带书，且他是没有同桌的，也不能跟着别人一起看。因为我有教师用书，所以就直接把我的教材给了他。

听写前我找了班里学习成绩比较好的学生去黑板上写，那位同学是班长，在班级里有一定的威慑力与号召力。听写的时候，纪律非常不好。大多数同学找一张纸都找了很久，作风懒散，并且有人窃窃私语，一直说话。平时跟我关系比较好的同学在那个时候也不忘找我说话，在黑板上听写的班长在众目睽睽之下问我“这个对吗”“是这样吗”这些没有价值，故意打趣的问题。我一边听写一边让他们注意纪律，不要讲话，并且对某些找我说话的同学反复强调“不要讲话，我不想听你说话”。

听写完，我让他们互相订正。订正期间的纪律也是如此。由于纪律混乱，我不仅要让他们完成任务，还要在那些爱说话的同学间反复周旋，所以等他们订正完，时间已经过去整整30分钟，第一节课也即将结束了。

教学第二步是学习新的生词。在第一堂课仅剩的10分钟内，我播放了生词录音，让大家跟读。

教学第三步是讲解生词。第二堂课开始后，首先讲解生词，但却发现都已经上课了，还有几位同学没有进教室。我便直接出教室把他们叫进来，并且发现有两位学生已经直接逃课了。为了教学顺利进行，我没有做过多处理，直接开始讲解本节课的生词。生词讲解部分，可能由于是新内容，大部分同学都听得非常认真，并且能够积极踊跃地回答问题。原本以为课堂纪律终于要好起来的时候，一到了造句环节，瞬间打回原形了。在我为大家进行造句示范的时候，我说：“我每天晚上十一点睡觉。”我刚一说完，一个俄罗斯男生就大声说：“很晚！”我好奇地问他：“晚吗？你几点睡觉？”这时候，他一个劲儿地笑，却不回答，许多同学也跟着笑了起来。我这才明白他就是故意逗我玩的，但我还当真地接了他的话。而后，其他同学在造句时，课堂纪律也不太好，大家非常随意散漫。

教学第四步是讲解课文。“生词”这块硬骨头啃下来后，就开始了课文部分的教学。但此时离下课也只有十几分钟了。这就意味着课文部分肯定讲不完了。我只能让大家在剩余时间内听课文录音，并跟着录音朗读。三篇课文的录音播完，由于教室铃没响，我也没注意到已经下课了，本想多说几句，突然有三四个同学直接说:“下课了！下课了！”而后，没等我发话，几乎所有同学都开始收拾东西。没办法，我只有让他们下课。

课程结束后，课程内容还剩下非常多，课文部分几乎都没有讲，跟预想的差距甚大。之前预计的是能够讲解完课文，并且让大家复述。毕竟听力课的内容不多，且听力课是综合课的辅助课，课文内的词汇及语法点学生们在综合课上都是学了的，按理说进度是可以跟上的，但由于这节课纪律非常不好，所以完成效果不甚理想。课后，指导老师语重心长地给我说了非常多的建议。

案例分析

这堂课完成后，结合指导老师给的意见，我做了以下的反省和思考。

一、如何处理好师生之间的关系

整个课堂的效果不佳，很大一部分原因是我和我所教授的留学生都非常熟悉，在此之前完全是以朋友的关系相处，我们年龄相当，特别是对于关系最要好的几位同学而言，甚至有时候于我自己而言，是很难在课堂上以传统的师生关系进行交流的，总感觉十分别扭和尴尬。其实当我严肃地训斥他们让他们守纪律的时候，看着他们的眼神，我内心是想笑的。对他们有所了解，原本是有利于第一堂课教学的，但却成为第一堂课的主要“绊脚石”。由于教他们的是自己的朋友，所以很多人都会肆无忌惮地说话，甚至有人为所欲为到上了第一节就不来第二节的地步。部分人在课堂上一直试图跟我说话甚至开玩笑，其实如果在那个时候自己不予理会，他们是不会“得寸进尺”的。但由于我时不时地会回应他们，或者把他们的玩笑当正经的事情，所以造成课堂一盘散沙，在这些不必要的事情上耗费了时间。

在课堂上，有同学没有带书。由于那位同学跟我很熟悉，作为朋友我毫不犹豫地就把自己的书给了他看。但是后来指导老师跟我说，没带书是他自己的错误，就该让他认识到自己的错误，而不是当“老好人”，把我的书给他。一个人没带书还好说，要是许多人没带书又怎么办？所以，应该让他自己想办法解决，绝对不能碍于任何情分，助长这种不正之风。

当然，我最失误的地方是之前并没有告诉大家这节课会由我来上。这次“突如其来”，让他们觉得有些意外和惊喜，根本没有心思去好好上课。如果我能在之前就告诉他们我会给大家上一门课，希望大家好好配合，让他们有个思想准备，可能就不会出现迟到的同学看见我便大声说：“怎么是你？！”这样的情况了，课堂纪律也会有所改善。

对于这种师生年龄差距较小，且彼此较为熟悉的情况。我认为，维持好课堂纪律，进行正常授课的最有效方式是提前立好规矩，定好盟约。正因为彼此是好朋友，所以作为老师、好朋友的“我”有责任和义务去帮助我的好朋友学好汉语，作为学生、好朋友的“你”，也有责任和义务去尊重自己的好朋友（老师），遵守纪律，学好知识。如果能提前定好这样的约定，上课效果应该会有所不同。

二、如何应对学生迟到

案例中，我所教授的班级的学生95%来自乌兹别克斯坦。之前只听说过欧美国家的人在时间观念上同中国会有所不同，上课迟到是常态，并且绝对不允许老师拖堂。在认识了这些乌兹别克斯坦留学生后，我才发现乌兹别克斯坦的留学生在把握时间这方面与中国人也大为不同。虽然学校有不准迟到的规定，但是依然有学生无视规则，上课姗姗来迟，来迟后甚至不觉得有什么问题。上课如此，在平常的其他活动中，也存在着不守时的情况。日常生活中不守时的问题尚且可以用不同国家有着不同的时间观念来解释，但上课迟到这样的问题，本人认为，只有每位老师严格按照学校要求，对每堂课迟到的学生予以批评或处理，才能让他们意识到遵守章程的重要性。一时的放纵，一科的放任，都会使他们把日常生活中不守时的习惯想当然地带到课堂中。

三、如何把握教学流程

我上的那节课，所有教学环节都是指导老师提前按照自己的上课思路设定好的。除了课堂时间的把握外，其他方面没有出现大问题。指导老师设定的流程如下：听写复习之前学习的词语—听录音，学习本课生词—听录音，学习本课课文—复述课文内容—布置作业。

上述综合模式的课堂，看似有条不紊，结构严谨，内容丰富。但在我上课的过程中，我能够感觉到，很多学生对此非常提不起兴趣，觉得非常枯燥。课后我有了解过，学生说老师每一堂课都是这么做的。上课时，当我进行完一个模块时，总感觉学生好像知道我下面要说什么一样。

听力课是注重实践和应用的课程，如果像综合课那样局限于知识结构的讲述，就显得枯燥了，更何况许多国家的留学生性格活泼开放，在课堂上总是坐不住。这样一成不变的课堂对他们而言非常痛苦。

汉语课堂上如果能让学生小组合作，通过一系列丰富的课堂活动进行听力教学，并辅之教材上的知识点，也许更容易达到汉语教学的目的，从根本上有效提升学生实际的听说能力。所以，教学流程要多变，教学方式要灵活。

喊口号的代表

案例类别： 教学组织与教学管理类　　**地区：** 印度尼西亚
汉语水平： 初级　　**课型：** 综合课
对象： 印度尼西亚小学生　　**作者：** 刘懿谊

案例描述

在 2017 年 1 月到 5 月，我在印度尼西亚第二大城市泗水进行了为期四个月的实习。我的工作是在当地一所名为彼得拉基督教学校的小学教中文，主要的教学对象为一到六年级的小学生。这些学生从小接受三语教育——印尼语、英语、中文，其中以印尼语和英语为主，中文教育更多的是以兴趣班的形式存在。工作上带我的老师是当地的华侨，一位上了年纪但是精气神非常好的老太太。她在当地小学教了一辈子汉语，早就到了退休的年纪，但是因为当地缺汉语教师，又被学校返聘回来继续教书。

在我负责的班级中，有一个班令我印象尤其深刻。这个班是三年 A 班，班上有三四个学生的父母是华侨，所以汉语语言基础非常好，在平时的教学工作中，他们会主动帮助我，扮演“小翻译”的角色，我也很乐意与他们互动。在印尼的课堂上，上课前教师会指派两个品学兼优的学生站到讲台前，带领大家喊出“上课”的口号，下课时则是“老师辛苦了”。按照以往的惯例，当地教师一般都会点名让那几个“小翻译”带领大家喊口号。

令人头痛的是，这个班有两个喜欢调皮捣蛋的学生，这两个“小捣蛋鬼”在临近上课和下课的时候总喜欢绕着教室跑，一边跑一边怪叫，经常引起一阵骚乱。在上课的过程中，我发现他们的课桌上经常是空的，没有教材，他们常常趴在桌上睡完整节课。我问当地教师，她以见怪不怪的语气告诉我说，这两个学生的父母离婚各自组建家庭了，爷爷奶奶年纪大了，没人管他们的学习，从一年级开始他们就不好好学习了。我望着上课了无生气，下课充满活力的两个学生，决心想个办法改变这个状况。

在下一周上课前，我对全班同学说："今天我们来换一个喊口号的方式，有同学自愿上来吗？"不出所料，还是那几个"小翻译"。我接着说："这次，老师要请两个表现特别活跃的同学上来。"说罢，就叫出了那两个"小捣蛋鬼"的名字，他们一开始愣了一下，仿佛不敢相信，其中一个还转身钻到了学生堆里。于是，我带头鼓起了掌，边鼓边说："大家一起给他们一点儿鼓励！"掌声响起以后，这两个学生的姿态大方了一些，主动站到讲台前，犹犹豫豫地说出了"上课"两字，他们一说完，我立即给予表扬："非常棒！"在下课时，同样也请他们喊口号。这样的举动持续了大约三周，我发现这两个学生慢慢有了转变，他们不再在上下课时上蹿下跳，在我的课上也不是一直睡觉了，甚至有的时候还会问我一两个有关汉语发音的问题。我开始觉得每个学生都可以是品学兼优的好学生，关键在于教师如何正确引导。

案例分析

教师在对外汉语教学过程中，除了要关注学生的学习表现外，更加要注重学生行为表现的内在原因。在案例中，两个"小捣蛋鬼"的学习态度消极，行为出格。作为教师，不能轻易将他们定义为坏学生，而是要根据他们的实际情况，了解行为背后的原因，关注学生的心理，适当对学生进行表扬，培养他们的学习自信心和学习动力。

教师在教学过程中要注重公平。案例中，"喊口号"一直是品学兼优的学生的"专利"，当地教师一直都是请那些汉语基础好的学生上台发言。长此以往，汉语水平一般和偏下的学生会产生不公平的感觉，认为老师偏爱那些成绩好的学生，忽视他们的感受，这就容易导致他们学习态度不积极，动机不强烈。

教师在海外教学过程中，遇到难以解决的问题时，要多向当地教师请教。当地教师有丰富的教学经验，熟悉当地的教学环境和学生背景，在对待教学问题时，能以一个全面的、客观的角度分析，避免了思维的局限，更有利于教学工作的开展。

可爱的孩子们

案例类别：教学组织与教学管理类　　**地区**：马来西亚
汉语水平：初级、中级　　**课型**：综合课
对象：马来西亚小学生　　**作者**：高珊

案例描述

2019 年寒假，我报名参加了 Gapper 国际义工旅行机构组织的马来西亚志愿教学活动，教学地点在马来西亚兰卡威，由于同行的小伙伴签证临时出了问题，所以这次的志愿活动由我独自前往，在机场得知同伴无法抵达的时候我十分沮丧和不安，但经过一段时间的心理调整，我告诉自己没关系，既然已经到了目的地，说不定会遇到很多惊喜。

从吉隆坡起飞抵达兰卡威机场，当地的项目负责人热情地接待了我。当天晚上负责人和大家介绍了明南学校的具体情况，我和三个来自西安的女生被分成了一组，经过一段时间的相处，我和她们渐渐熟稔起来。

明南学校是兰卡威当地的一所小学，这里师资有限，每隔一段时间就会有中国的大学生到这里志愿教学。这里每个年级只有一个班，一年级的人数最多，大概有三十多个学生，六年级的学生最少，大概只有六七个学生。我们每天会被随机分配到不同的年级教学，在上课前我们大概有一个半小时的备课时间。

第一天我们教三年级学生英语。第一次见到学生，他们都十分兴奋和活泼。我们四个人一个主讲，剩余的人负责协调课堂，在自我介绍之后就开始了“What do you do？”主题英文教学。我们准备了一些图片，导入“每天做什么”的情境主题，并让学生朗读课文中的对话。起初学生们表现出比较大的兴趣，不一会儿注意力就开始分散了，有些学生甚至不知道老师在讲哪一页的内容。在这种情况下，我们拿出了事先准备好的小熊饼干，给学生分组后告诉学生回答问题多的小组可以得到奖励，瞬间就吸引了学生的兴趣，接下来整个课堂氛围都比较活跃。

接下来的几天我们带了一年级学生的英语课。一年级的学生最多，学生年龄小，更加活泼好动，加上他们的中文和英文水平都不高，所以我们说的话他们有些听不懂，课堂一度失去控制。我们认为引起学生的兴趣是控制好课堂的关键，于是给每个学生分发了白纸，让大家画自画像，并在黑板上向学生示范。知道可以画画后孩子们高兴得不得了，在他们画画的过程中我们播放了英语歌曲，在画完之后讲解了“眼睛”“鼻子”等单词，并让孩子们上来展示。

之后我们还带了六年级学生的中文课。六年级只有六七个学生，他们都十分有礼貌守纪律，不像低年级的孩子那么活泼。他们的汉语水平也很不错，老师说的话都能听明白，学的课文也有一定的难度。我记得有一节课的课文是《爸爸的礼物》，在通读课文时基本全部汉字都能读下来，但有个别成语比如“捧腹大笑”他们不是很理解，于是我们就将成语拆分开，并做出相应的动作帮助他们理解。

这次志愿活动时间虽然不长，但对我来说是十分珍贵的体验。每个年级的孩子都有各自的特点，一年级的孩子比较活泼，做好课堂管控是第一步；三年级的孩子注意力相对集中，但学生的汉语水平和英语水平不等，在课堂上助教需要督促没有跟上进度的孩子；六年级的学生汉语水平较高，成语练习和段落理解是教学的重点。

坐在第一排安静画画的小女孩、追逐打闹说着“A baby spider eats me”的淘气小男孩、为了得到小熊饼干挠着头想问题的一组和二组、分别那天挥手用中文喊着“老师，老师”的孩子们……短短几天时间，也许我们只是他们日常生活的旁观者，但我们都相信，这些天真的可爱笑脸会被越来越多的人看见。

案例分析

跟孩子打交道不是一件容易的事，给跟自己语言不通、文化背景不同的孩子们当老师，就更不容易，要了解孩子们的心理特点、生理特点，设计适合他们的教学活动，想办法调动他们的身体感官，引起他们的兴趣，帮助他们学习。

时间该用在哪里？

案例类别： 教学组织与教学管理类	**地区：** 中国
汉语水平： 初级	**课型：** 辅导课
对象： 多国别预科生	**作者：** 昝华静

案例描述

上学期我带预科生晚自习，主要负责作业辅导、问题答疑，一个班大约有15~20人，学生主要来自非洲和东南亚国家，有些同学会说英语，也有一部分同学只会说自己的母语，他们的学习水平差距较大。有几位学得比较好的同学在晚自习时非常积极，经常问问题，我一般会检查他们的作业，指出错误让他们改正。还有几位基础比较差的同学，他们也非常努力，每天来得早走得晚，可是完成作业还是很困难，白天老师讲的知识没有完全理解，语言又不通，他们自己也很苦恼。

有一次，一个刚果的同学在做汉字作业时，我发现他一直在用手机查词，然后对照着写，我在旁边观察了很久，上前告诉他："你要先认识这些字，会读了之后再写会轻松一些，而且可以一边写一边默念，这样印象会更深刻。"但是他却露出了一个尴尬的表情，然后用手机给我回复："我已经学了很久了，可是很难，我学不会，请您不要在旁边看着我了。"还有很多句子我没看懂，我知道是因为翻译软件的问题。我认为可能是我一直在旁边盯着他，指点过多，他不耐烦了，所以我就没再多说什么，但是心里一直很纳闷儿。放学后他的同桌叫住了我，告诉我其实那个同学每天晚上回到宿舍之后还会学很久，甚至学到凌晨一两点，但是老师讲的知识他就是不明白。听到这里我就询问他白天上课的情况。他的同桌说，由于晚上睡得太晚，白天他会在课上很困，而且因为语言不通，听课也很费劲。我一下就明白了，知道了他看起来这么努力却效果不好的原因：晚上熬夜白天犯困，在课堂上无法集中精力，学习效率自然很低；加上语言不通，听课的效果就更不好了，因此老师在课上讲的东西无法全部理解，这样就需要在课下花费更多的时间来弥补，所以晚上就要被迫熬夜，这样下去就陷入了恶性循环。

案例分析

通过这个实例，我开始思考学习方法的问题，因为自己也是有过外语学习经历的，我在中学阶段学习英语的时候也很不容易，但是一旦找到了适合自己的学习方法就会事半功倍。在我看来，取得好成绩不仅靠花时间，更重要的是把时间利用得合理，用最短的时间学到最多的知识。在课业繁重的预科系，学习效率太重要了。尽量在课堂上吸收老师讲解的知识，课下拿出一点时间来巩固记忆，保证睡眠质量，把课堂时间利用好就会轻松很多。老师也要反思学生的学习效果，多询问、多反馈，尤其是对于只会讲母语的学生，要对他们的学习和生活多关心，课上多问几句，课下对他们多鼓励，让他们感到自己被重视，这样就有学习的动力了。同时，老师也要注意知识点的讲解，多用一些生动形象的例子来解释，不同的知识点采用不同的教学方法，或者是多种教学方法结合，让学生更好地理解并运用。

课堂规则的制定

案例类别：教学组织与教学管理类	地区：匈牙利
汉语水平：初级	课型：综合课
对象：匈牙利小学生	作者：潘玲

案例描述

今天的汉语课堂有一点点特殊。原本三年级的中文课，助教会坐在教室后面听课，为我的中文教学提供帮助。但这次助教因为有事请假，就没来听课，因此，这节课完完全全地由我独立教学。

一开始，学生与往常一样，在教室门口等我开门，进去之后选好座位坐下。距离上课还有三分钟，他们发现助教没来，便开始问我助教去哪儿了，我告诉他们助教今天不在，于是他们变得异常兴奋，开始相互追逐打闹，上课铃声响了也没有要停下来的意思。我再三提醒，他们才慢慢走回自己的座位，但还是不时地说话、聊天，瑞卡甚至直接拿起作业本开始画画。我有一些生气，于是提高音量，示意他们保持安静，并走到瑞卡面前合上了她的作业本，然后开始接着讲单词。显然这节课，他们变得聒噪、放肆了许多。跟读单词的时候，故意发出奇怪的声音，捏着嗓子说话。回答问题的时候不仅用夸张的动作举手示意，还大声喊叫，整个教室变得十分吵闹。

一遍遍提醒仍无效之后，我十分生气，于是停止讲课，让学生反思自己犯了什么错误。学生很快意识到自己的行为惹怒了老师，平时一贯温和的老师生气了。他们安静了下来，开始举手告诉我，说出自己犯了什么错。虽语言不通，但通过他们的表情和动作，我能大概猜到他们说的是什么。接着我使用谷歌翻译器说出三条课堂规则："说话前举手，不能写其他作业，离开座位举手示意"，并让其中一个学生写在黑板上，告诉他们这是规矩，我会拍照给助教老师看。接着继续上课，后面的教学顺利了很多。

这节课让我意识到了课堂规则的重要性，之前之所以没遇到课堂管理上的问题，主要是有助教在场“震慑”他们，一旦离开助教，他们便会恢复本性。于是在这节课后，我与助教在提出的三条规则之上，增加了几条新的课堂规则，在助教的帮助下，和学生最后商定出六条课堂规则，要求学生必须遵守。表现好的同学会给予奖励，违反规则的同学则会受到处罚。最终我把协商制定好的规则以中匈双语形式打印出来，张贴在教室的墙上，严格按照此规则给予学生相应的奖惩。一开始有些学生并不习惯这些规则，依旧我行我素，直到严格执行一段时间，有些表现好的同学拿到奖励之后，那些学生开始重视规则，上课也规矩了许多。有了课堂规则，课堂管理起来相对容易很多。

案例分析

课堂规则作为一种师生之间的行为契约，对于避免显性课堂问题行为的发生有着重要的作用。案例中，我一开始并没有制定课堂规则，因为有助教的协助，学生的问题行为表现得不明显，但在助教缺席的课堂上，没有规则的限制，学生问题行为明显增多，几乎到了不可控的程度。有了师生协商下制定的课堂规则后，学生表现变好，经过一段时间的严格执行，学生逐渐有了规则意识，问题行为逐渐减少。这说明合理的规则对课堂管理起到了正面的作用。

令人头疼的六年级

案例类别： 教学组织与教学管理类	**地区：** 匈牙利
汉语水平： 初级	**课型：** 综合课
对象： 匈牙利小学生	**作者：** 潘玲

案例描述

2019年9月至2020年6月，我以国际汉语教师志愿者的身份赴匈牙利佩奇市Banki小学教授汉语。教学对象为一到七年级，年龄为7~14岁的学生。

六年级的汉语课是最让我头疼的，因为课堂问题出现最多、最频繁。班上有八名学生，七个女生和一个男生，形成了三个小团体。其中一个小团体中的三个女生课堂问题尤其突出，上课喜欢大声讲话、打闹、吃零食，完全无视老师的存在。

在发现问题之初，我通常都是先用眼神示意，用沉默来引起她们的注意。一开始这种办法是奏效的，她们能够很快安静下来，但是几次之后，便又吵闹起来。之后，我便停止讲课，不断提高音量大声提醒，她们很快会停下，但几分钟之后又变本加厉地说笑，最后发展到无论我怎么呵斥都没有作用的程度。

我将这种情况反映给助教以及校长，她们临时到汉语教室进行考察，正好看到她们打闹的一幕，在助教以及校长的一番训斥下，她们明显感到害怕，端正了学习态度，但也只是维持了短暂的几节课。

我意识到，一味地通过所谓的权威压制是无法真正解决问题的，必须得弄清学生真正的需求。但碍于语言原因，我无法直接和她们沟通，所以在某节课上我连线了一位会匈牙利语和汉语的朋友，让他进行翻译。这才了解到，她们很多时候都听不懂老师的英语，所以产生了厌学的心理。另外，之前我一直叫错其中一位同学的名字，让她觉得自己不被尊重，所以对汉语课堂产生了反感情绪，这些问题加在一起，才会形成现在比较尴尬的局面。

在弄清原因之后，我首先向被叫错名字的学生道歉，另外也向学生表明，自己会尽量少使用英语教学，尽可能多地尝试使用匈牙利语，并且在之后的课堂上，对待出现课堂问题的学生，以耐心提醒为主，而不是呵斥和大吼。此后，这个班级的课堂纪律有所好转。

案例分析

案例中出现的课堂问题是十分明显的问题行为，包括大声说话、打闹、吃零食等，这些行为直接影响课堂教学的正常进行。教师不得不花费大量时间去阻止此类问题行为的发生。而我一开始采取的方法是眼神示意、冷处理到提高音量大声呵斥，最后请助教和校长出面震慑。这样的方法在初期有一定成效，但是效果很短暂，后来甚至一点作用都没有，甚至起到了反作用，让学生更加反感汉语课堂。通过沟通，我了解了学生的需求，也发现了自身存在的问题，如叫错学生的名字，这是一个严重的错误，好在最后通过沟通，解决了问题。对于有自我意识，并产生了逆反心理的儿童，在课堂管理方面一味地压制显然是不可取的，必须给予学生足够的尊重，了解其诉求，从根源上解决问题。

一个内向女生的转变

案例类别：教学组织与教学管理类　　地区：匈牙利
汉语水平：初级　　课型：综合课
对象：匈牙利小学生　　作者：潘玲

案例描述

五年级的乐迪是一个身形稍胖的女生，她经常在上汉语课的时候分心，喜欢自己写写画画，不愿意主动举手回答问题，也不愿意参与课堂活动，喜欢一个人坐在角落，显得与其他同学格格不入。但是她的学习能力很强，成绩也比较好。在一些带有未知性的课堂活动中会表现得比较活跃，如炸弹游戏（教师随机在单词后面画上一定数量的炸弹，学生轮流挑选单词大声读出来，背后没有炸弹的视为安全，有炸弹的，则全班同学齐声喊“一、二、三，boom！”淘汰出局，直到找出所有炸弹，则视为游戏结束），她总能坚持到最后。她跟我说，她不想参加一些合作性的活动，因为自己不喜欢和男生一起玩。

通过观察和了解，我发现她其实是为自己的身材感到自卑。我采取的方式是首先尊重她的想法，在一些需要近距离接触如拉手的活动中允许她不参与，但需要协助老师组织活动，她答应了，并且表现得非常好。当其他学生完成游戏活动，兴致高涨的时候我鼓励她也参与进去，她一开始抗拒，后来逐渐也融入进去了。另外，在课堂上，发现她走神的时候，我会叫她回答问题，回答对了给予表扬，回答错了她自己会感觉到羞愧，也能很快集中注意力。在第二学期她明显变得活跃了一些，上课走神的情况少了很多。

案例分析

这是一个较为成功的教学案例，面对一些隐性的问题行为，教师通过提问的方式引起学生的注意，这种方法直接有效，能够迅速让学生集中注意力。另外，不断鼓励学生做对的事情，多使用赞美的词语，鼓励其参与到课堂活动中来也有助于有自卑倾向的学生建立自信，融入课堂。

遇到学生“嘲笑”怎么办?

案例类别：教学组织与教学管理类　　**地区：**匈牙利
汉语水平：初级　　**课型：**综合课
对象：匈牙利小学生　　**作者：**潘玲

案例描述

在一节三年级的汉语课上，课程主题是地点名词，如超市、公园、动物园、宠物店、玩具店、警察局等。我依次展示图片，讲解生词。前面大家都认真听课，十分正常地跟读。但是当展示到“警察局”这个生词的发音时，全班同学哄堂大笑，不断重复“qīng qiāng qiū”的发音。我莫名其妙，但是只当作他们发音错误，一遍遍纠正，但是他们每次念到这个单词就格外兴奋，并且故意念错，不断重复，助教此时也站了起来，朝他们大吼，让他们停止发出这种怪异的声音。我意识到了不对，因此在课堂上尽量减少提到“警察局”，转而练习其他的单词。但是学生总会时不时自顾自地发出“qīng qiāng qiū”的声音，我并没有阻止，而是直接无视，几次之后，情况有所好转，但偶尔还是有人提起。

下课后询问助教，从她那了解到，原来匈牙利语中“qīng qiāng qiū”的发音是用来形容汉语的发音艰涩难懂的，有时候带有嘲笑意味，而当我讲解“警察局”的发音时，他们马上联想到了这个单词，觉得这是一件很好笑的事情。当时我觉得十分生气，感觉自己遭到了嘲笑。

尽管在我听来十分不舒服，但是考虑到三年级的学生只是觉得这两个单词的发音接近，并无恶意。在第二次汉语课的时候，他们再提起“qīng qiāng qiū”，我并没有生气，只是用沉默告诉他们这样不对，如果继续这么说，老师会很不开心。几次之后，学生逐渐意识到了这是不礼貌的事情，之后再也没有发生过类似情况。

案例分析

由于中匈文化上的差异，再加上学生对中国文化的不了解，师生之间可能会发生一些摩擦。但是对于这种低年级的学生来说，很多时候这些言语和行为都是没有目的性的，他们只是为了追求好玩，并没有恶意，因此教师也不必上纲上线，觉得自己被羞辱。但是，这也并不意味着要任由其发生，在语言不通的情况下，可由助教代为说明，强调哪些行为是对的，哪些行为是不礼貌的。作为教师，面对这些言语和行为也要表明自己的态度，用神情或肢体语言让他们知道事情的严重性。

“最后一分”带来风波

案例类别：教学组织与教学管理类　　**地区：**澳大利亚
汉语水平：初级　　**课型：**综合课
对象：澳大利亚小学生　　**作者：**况哲宇

案例描述

2018 年我有幸成为昆士兰大学孔子学院的一名汉语教师志愿者，在澳大利亚布里斯班的希尔斯学校进行为期一年的海外教学活动。这所学校以澳大利亚本地学生为主，学生范围从预备班到十二年级，相当于国内的小学至高中。希尔斯学校是第一年开设中文课程，目前只针对小学部。我的工作任务就是担任希尔斯国际学校小学部的汉语教师。

案例发生在二年级，为强化学生对于句子的对答，在一节复习课上我将“你喜欢什么颜色？——我喜欢红色”“你叫什么名字？——我叫 ××”“今天星期几？——今天星期一”等问句和回答拆分，打乱顺序贴在黑板两侧，并将学生分为两组，两组轮流派出代表进行问答，如果所派代表能够用中文任意问出上述一个问题，则积一分，若发音标准无误则积两分，然后另一队的代表进行回答，如果能够回答正确，则积一分，若能发音标准且声调正确则积两分，然后两队互换进行下一轮问答。

游戏开始，大家的兴趣很高，我在白板上通过画横线来记录各组的得分，两组的比分交替上升，每名同学都投入到比赛中，到了最后两名同学的时候，比分恰好持平，这时大家的情绪已经被充分调动起来，不少同学都很激动。此时剩下的两名同学中 1 组的学生 A 是个性格活泼、比较调皮的男生，很聪明也很喜欢汉语，周末更是去中文学校补习，但他由于过于活跃也常常在课堂上引起别的同学哄笑，引发过不少课堂问题，1 组的成员都相信他能帮助小组取得最后一分。2 组的学生 B 则是个性格腼腆的女生，学习水平在这个班级属于中等，由于小组能否得到最后几分将决定胜利或失败，作为最后的关键角色，此时她明显有点紧张，站在教室前目光一直停留在地面上，学生 A 一上来便气势汹汹，大声地问：“今天星期几？”因为发音标准，老师在 1 组的得分处记了两分，学生 A 更加得意，一边晃动身体一边对其他同学竖起了拇指。也许是受到这个影响，学生 B 似乎更加紧张，老师便进行引导，小声地问她：“What day is today ？”听到她很小声地说了 Wednesday，于是继续进行引导，说：“所以，今天是？”经过一番引导，学生 B 终于说出了“今天是星期三”。这一回答，当老师在 2 组得分处记上一分的时候，听到 1 组的学生在下面表达自己的不满，觉得这样不够公平，学生 B 听到了他们的对话后头埋得更加低了，但到了这个时候，比赛还是要进行下去，于是让学生 B 进行提问，她此时已经不在状态，平时能够正确说出的句子也一时想不起来了，结果问出了一句：“你叫什么颜色？”虽然课堂下有些同学已经意识到 B 的处境所以没有笑出来，但还是有几名同学没有意识到，然后哄笑了起来。此时有的学生在庆祝比赛胜利，有的在懊恼输掉了比赛，有的在同情 B 的处境，想要上前安慰，有的在责怪 B 的表现不尽人意导致自己队伍输掉比赛，有的在嘲笑她问出的错误问题，课堂秩序瞬间被破坏，教室里满是吵闹声，B 终于也承受不住这样的压力哭了出来，一边的学生 A 刚才还在洋洋自得，看到 B 哭了出来也一下不知所措，B 边哭边用英语说：“我讨厌中文。”老师只能劝导这只是一个游戏，目的是让大家能学到知识，然后让 B 先回到座位调整一下，原计划要进行三轮比赛，也只能提前结束了。在课堂剩下的时间里，B 一直闷闷不乐，2 组的同学都有些心不在焉，1 组的同学也频频望向 B，似乎想要安慰她又不知道该怎么说。

案例分析

在课堂上，过度竞争是导致冲突的一个最主要因素。课后在和澳大利亚本地教师讨论的过程中得知，在澳大利亚小学阶段的授课中是非常不提倡学生间进行竞争的，而是强调合作精神和团队凝聚力，因此在采取这种竞争性的学习方式时，学生由于不适应就很容易受到挫折，进而影响他们对某一学科的兴趣以及自信，这一阶段的学生年龄过小，天赋和兴趣还未开发，如果竞争失败的挫折在一定程度上限制了学生发展的可能性的话对学生本身是一种严重的损失。汉语教师志愿者希望能通过小学生大多有的争强好胜心理来设计活动以提高课堂效果，但学生对这种好胜心的应对是区别于特定的历史背景和生活环境的，中国受到儒家文化的影响，普遍有入世进取的态度，《周易》中讲“天行健，君子以自强不息”，孟子称“如欲平治天下，当今之世，舍我其谁也？”都是这种儒家精神的写照。但在海外教学中，如果忽视了这方面的文化差异，尽管在进行比赛的那一时段能让学生们的情绪很快被调动起来，却也可能造成严重的后果。当地的小学生不能很好地掌握如何在竞争中调整自己的心态，所以，汉语教师志愿者应该注意在澳大利亚针对小学生尤其是面向低年级学生开展教学时，采用竞争的游戏活动是容易给课堂管理带来风险的。

在设计活动的时候要注意激励学生的方法，分组竞争的方法在国内比较适用，在澳大利亚可以做一下变动，如进行全班积分，每个人都是为这个班级得到分数，达到多少分后可以有哪一类奖励，如给每个班级做一个小本，每名同学积极参与活动的时候便可以在这个小本上贴上一张贴纸，作为激励方法可以许诺学生当班级积累多少个贴纸之后可以有什么样的奖励（如给全班 10 分钟的游戏时间），同时在进行涉及计分的比赛时汉语老师应该强调活动的目的在于复习巩固已学到的知识，分数只是服务于我们进行学习的，引导学生将关注的重心放在学习知识上，不应该在开展活动前烘托出一种看看孰胜孰负的激烈氛围，这会让学生的注意力放在输赢上，要明确活动是为了促进学习的。在学生出现埋怨情绪的时候，教师应当及时进行引导，如案例中的学生 B 本就较为腼腆，容易紧张，在进行比赛时教师给出了提示“What day is today？”但这只是表象上的帮助，从某种方面甚至加强了下一环节她心里的紧张，如果汉语教师能够及时给予学生情绪上的重视，通过言语和行动淡化学生对比赛输赢的关注，才能从根本上降低学生 B 在当下的紧张情绪，也会降低后面冲突的激烈程度。另外作为教师对于每名学生的性格也应该有所了解，同时要意识到这种性格差异可能会带来问题，这样在分组的时候稍加注意便可避免那种较为张扬的学生和性格腼腆的学生进行竞争的情况。

“明星学生”效应

案例类别：教学组织与教学管理类　　**地区：**澳大利亚

汉语水平：初级　　**课型：**综合课

对象：澳大利亚小学生　　**作者：**况哲宇

案例描述

2018 年我成为昆士兰大学孔子学院的一名汉语教师志愿者，在澳大利亚布里斯班的希尔斯国际学校小学部进行为期一年的海外教学活动。

四年级 B 班在这一学期刚增加中文课，学生整体学习氛围较好，但其中有几个学生思维很活跃，经常在课上突然提出想法，有时令我措手不及。由于教室的布置兼顾到各个年级的学生，而目前学校考虑到四年级及以上的学生接触汉语较其他语种晚了两到三年，很多家长可能不会倾向于让孩子在此时将汉语作为第二语言，因此希尔斯学校把当前的汉语教学重心放在了低年级，教室的布置也是更符合低年级（如让学生盘腿坐在白板前，每个学生有一个固定的图案作为点位）。今天课程刚刚开始，我和学生进行了例行问候“同学们好”“老师好”“请坐”。此时，班内学生都盘腿坐好，唯独学生 C 站着不动，于是我重新发出一遍指令“C，请坐。”C 仍然站着不动，看着老师，此时全班的注意都放在了她身上，我便用英语问她为什么还站着，是否有什么问题，C 回答说这种坐在地上的方式是给小孩子的，她想要坐椅子。还未等我回答，其他同学就纷纷开始附和，表示自己在班级里也是坐在椅子上的，而且从去年开始就这样了（从三年级起他们在本班教室的日常上课改为坐在椅子上），学生 D 是个调皮的男生，学习并不认真，但却经常在课堂上做一些搞怪的动作引得其他同学发笑，他突然跑到了教室东侧，从那里抽出一把椅子坐下，然后调整方向面对老师，一边晃动椅子让椅子两个后腿支撑平衡一边喊“就是这样”，这一举动引发了学生们的笑声。此时我开始有节奏地拍击表示请学生安静的铃，待到第三声的时候，学生们的声音渐渐小了下去，我用之前训练过学生的方法试图让他们安静下来回到课堂，于是把食指竖起放在唇边用中等的音量说“安静”，有四五个同学按照以前的要求也将食指放在唇边重复了一遍“安静”，于是我进行第二遍“安静”，这一次大半的学生都照做了，动作重复到第三遍时所有学生都安静了下来，只有学生C还坐在前面的椅子上，我用严肃的口吻说：“C，请回到你的座位。”C称：“这就是我的座位。”我先没有回应，而是向学生们讲：“我知道大家到了三年级以后在教室上课时便坐在椅子上了，每个班都有自己的教室，但中文教室只有一个，这个班级的学生走后另一个班级的学生立刻就会来（除了一个早茶时间，该校无课间休息），我们来不及将桌椅搬到前面再复位，而且在这节课上我们不需要写字或做手工，这样围坐在白板前会有更好的学习效果，另外当我们练习书写的时候会让大家用到桌椅的。这样如何，我在旁边放一把椅子，这把椅子是给你们的，但不是谁都可以坐，只有表现好的学生才有机会坐，坐在这里的学生便是我们的‘明星学生’，‘明星学生’要给大家树立一个好榜样，坐在这儿的时候要认真听课，我们每十分钟做一次更换，现在我想要D坐在这里，因为刚才大家都很吵闹，我们以前定过规则，在教室内如果想要说话要先举手等老师叫你，刚才多数人都直接叫喊了，而D一直举手，没有去影响课堂的秩序，另外他一直坐得很端正，也没有移动自己的位置，所以他能坐在这里。”我说完发现大家都坐得很端正，D坐在椅子上更是听得十分认真，于是转向C说：“我们在教室里首先要遵守教室内的规则，不然会影响到大家的学习，我们今天已经耽误了三分钟，如果你想要坐在椅子上，就请好好表现去争取这个机会，这样大家才会认同你坐在椅子上，现在请回到你的位置，认真听课。”这次C噘了噘嘴回到了座位，在这节课后面，有4个学生坐过了这个椅子，C也在其中，后面整节课课堂秩序都很好。

案例分析

在实际教学中可以发现，在当本班课堂群体中表现好的同学得到诸如“明星学生”称号或如坐一会儿椅子等其他方式奖励的时候，其他学生会发自内心地祝贺并希望能通过自己的表现也争取这样的“特权”并被其他同学所羡慕和祝贺。由于从小受到这种鼓励合作精神的教育，澳大利亚小学生对于这种激励方式更信服也更期待，有一次二年级的课程中，学生E一直在说话，他是一个聪明机灵的男生，是在这个班级里第一个被我记住名字的学生，但他对学习中文并没什么兴趣，在这节课上他不停地说话并影响到了其他学生学习，我几次提醒后他还是一如既往，我只好暂停讲课让全班安静然后看着他，在这之前好几名同学已经埋怨提醒过他了，我问全班同学:“E在其他课堂上也这样一直说话影响课堂吗?还是只在中文课上一直说话?”很多同学举手，我让他们一个个说，开始的时候我以为会有学生提到对这种影响课堂行为的不满，但同学们的回答出乎我的意料，几乎每个人都说的是E特别棒，有的说他很有想法，有的说他有组织全班同学的能力，还有的称赞他唱歌很好，学生们表示他只是不能专注在课堂中，但他其实可以学会课堂上的内容，而在自己班级里也是大家一起在帮助他提高自我管理。他们的话使我意识到当地这种从小鼓励学生们以合作的精神去解决问题的教育方法给学生们带来的影响是显著的，也因为这一点，学生集体不愿意在内部进行对抗性竞争导致产生输家，却愿意成就那些认真表现或有所进步的学生，真心地去祝愿并向他们学习。这种方式产生良好效果的另一个原因是榜样强化作用，陈时见认为，只要给学生提供某种具体的行为范例，学生就会不自觉地模仿，并朝着这样的行为而努力。榜样通常给学生带来两方面的改变，一是模仿，二是无意识学习，前者通过观察榜样行为逐渐形成自己的行为，后者是在此基础上形成关于榜样的信念、态度、价值及人格等方面的结论。因此无论模仿还是无意学习，都有助于强化良好的行为，弱化问题行为。在后来的教学中，我尝试将“明星学生”椅子这个激励方式带入其他班级，都产生了明显的积极效果。

“粗鲁”的老师

案例类别：教学组织与教学管理类　　**地区：**澳大利亚
汉语水平：初级　　**课型：**综合课
对象：澳大利亚小学生　　**作者：**况哲宇

案例描述

2018年我有幸成为昆士兰大学孔子学院的一名汉语教师志愿者，在澳大利亚布里斯班的希尔斯国际学校小学部进行为期一年的海外教学活动。

案例发生在星期三，在一年级A班的一节复习课上，我打算带学生们复习刚刚学过的身体部位名称，并使用PPT制作了小游戏，通过“挖金子”“拍苍蝇”“小马过河”这三个简单的游戏来强化学生们对身体部位图片和汉字的联系、读音和图片的联系、汉字和拼音的联系的认知，在开始游戏前，我想先带着大家将这些相关单词通过词卡再复习一下，于是用英语说：“下面我们先预热一下，老师举一张身体部位的图片，会的同学请举手，告诉我们它的中文怎么念，然后再在黑板上写下对应的拼音。”说完笔者开始顺次举起图片，并点学生上前回答，有的学生能够给出正确的答案，有的给出的是错误答案，但我都给予了评价和鼓励，并进行更正，到了最后一个图片“耳朵”，我点了学习水平一直不错的学生G，此时发现之前连接好的电脑和电视由于一段时间没有使用就自动断开了连接，我认为学生G的水平不会有什么问题，为了避免重新开始连接投影让学生们等待，就没有在旁边看着她写拼音，而是到办公桌前调整电脑，这期间学生G写完了，我投放出PPT时才注意到（可能让她等了几秒钟），看到写的也没有错误，说了句很好就让她坐下了，然后就开始了后面的复习。在这节课上我没有意识到什么问题，但当天休息的时候另一个学生告诉我G现在觉得中文老师很“rude”（粗鲁），我当时还很惊讶，后来在沟通的过程中才知道是当时我对每个学生都很认真，唯独轮到她的时候去看电脑，没有认真听她说话也没有看她写拼音。我感到很抱歉，后面单独和G

做了解释。

案例分析

在澳大利亚，平等观念深入人心，在20世纪末，联邦政府出台《给每个人的公平机会》（A Fair Chance for All），奠定了澳大利亚公平政策的框架，如今平等观念已经成为澳大利亚民族心理意识的一个重要组成部分。在课堂中老师既要注意“生生平等”，也要加强“师生平等”的意识。在本案例中，我对每一个学生的回答都给予了鼓励和评价，却唯独在G回答问题时去调整了设备，尽管我内心是认为G的汉语较好，不会出什么问题。但这毕竟只是我的想法，学生的感受只能基于他们看到的事实，从行为矫正角度而言，对于每名学生我都对他们积极回答问题这一点给出了正强化（鼓励），G回答问题这一过程，不仅有积极回答问题的态度，同时也有因为学习认真而回答出正确答案这一点，这两点从行为矫正角度都应该鼓励，但我在她回答问题的过程中调试设备这一举动，本身可能不会被注意，但在与其他同学前后对比下，就是典型的负强化（忽视），学生在获得正强化时都会有一种满足感，而对那些试图表现出良好课堂行为的学生来说，内心会对这种满足感有所期待，G在回答问题时，内心是对我的评价和表扬有所期待的，当这种期待落空，就会感到不平衡，感到失落和失望。因此在对学生的回答或作品进行反馈时，老师应该牢记对每一名学生都应该公平对待，倘若遇到一些特殊情况需要处理，需提前给学生说明，避免造成误会。

写好汉字重要吗？

案例类别：教学组织与教学管理类　　**地区：**澳大利亚
汉语水平：初级　　**课型：**综合课
对象：澳大利亚小学生　　**作者：**况哲宇

案例描述

2018年我有幸成为昆士兰大学孔子学院的一名汉语教师志愿者，在澳大利亚布里斯班的希尔斯国际学校小学部进行为期一年的海外教学活动。

案例发生在一年级B班，这是一年级学生参加汉语课的第一个学期，此时已学习完数字、颜色和家庭成员称呼。在这节课上，我想让学生们开始学习汉字的书写，之前在教每个主题时给学生们看的词卡上写有拼音汉字和图片，但只做过基本的介绍，并未要求他们去记忆或书写。在这节课上，我们先学习了横竖撇捺点五个基本笔画，介绍了书写规则，然后让他们坐到座位处，发下田字格纸和铅笔，带着他们空书练习后开始写“上”和“下”。学生们第一次接触汉字的书写，普遍兴趣浓厚，认真地写了起来。我下去检查他们书写的情况时，发现实在惨不忍睹，田字格成为摆设，各个笔画完全不成比例，也丝毫不顾刚教过的笔顺规则，考虑到打好基础后面的学习才不会难，我便对他们进行纠正，虽然我的态度一直很好，但当我对某一个同学进行几次纠正后，我发现被更正了数次的学生便不再动笔了，开始前我要求他们每个汉字写五遍，实际上大多数学生都是只写了两三个便停笔不动了，当我问他为什么不写了的时候，大多学生说“没意思”，还有的学生说自己做不到，不喜欢。我再次进行强调，要求停笔的学生写满五遍，告诉他们不多进行练习是写不好汉字的，然后带着大家又练习几遍，但还是发现有不少学生还是不动笔，我不禁有些着急，要求学生从基本笔画开始练习，严肃地让大家必须写到五遍，告诉他们我会检查并上传到学生管理系统，然而一些学生开始在纸上画画，有的甚至开始交谈起来，有个学生问如果不会写汉字的话会影响用中文聊天吗，我便让大家先停下，再次和他们说起汉字的重要性，并强调只有认识汉字才能读中文书，但学生们似乎对写汉字的兴趣更低了，除了几个学生认真写完外，多数学生依旧是胡乱涂画，我只好把纸收上来提前结束了这次书写练习。

案例分析

有效课堂管理行为研究认为在进行课堂管理时首先要确定一般目标，并按照目标进行师生行为方式的设计，目标在课堂管理中起到了举足轻重的作用。通过这节课，我开始反思对外汉语课堂中课堂管理的意义，其实这个年纪的学生天性就是活泼好动的，那么我的目的究竟是为了让学生们安静下来，还是让学生们打好汉语学习的基础，还是让他们能进行更多的日常对话，还是激发他们的文化亲近感，答案肯定是综合的，既然如此，哪些方面对于海外汉语教学是更为重要，更有意义的呢？刘家访认为，课堂管理行为目标存在一个自上而下的目标体系，处在最上指导地位的是课堂教学目标，课堂教学目标指导了课堂管理行为，即为了达到教学目标，什么样的课堂氛围是有利的，这是依据教学目标的差异有所区分的，再往下依据课堂管理行为目标，再制定教师和学生间的互动方式，冲突解决方式以及加强学生自控力的方法。由此可见，在确定和学生的互动模式之前应该先确定课程对于学生课堂行为的期望，这个期望是取决于课堂教学的总目标的。由于受到国内教育的影响，在准备汉字课时我想当然地认为汉字书写要打好基础，对学生应该严格按照汉字书写的规范进行要求，然而志愿者教师对汉字重要性的认知受到自己过去教育经历的影响，面对考试、升学以及日常应用的需要，不得不高标准严要求，而在海外汉语课堂中，我们的教学目的和在国内小学语文课堂上是不一样的，学生对知识技能的掌握程度虽然重要，但不再是首位的，所以对于志愿者教师来说，决定课堂管理行为质量的并非学生的知识掌握程度，而是课堂的生长性，是对汉语的亲切感的培养，是对中华文化兴趣的激发，是透过志愿者这一窗口形成的对中国及中国人的印象的结合。一味地矫正行为和课堂控制行为只会使学生形成更多的失败经验，产生逃避心理，我所在的学校开设的第二语言不只有汉语，还包括日语和西班牙语，在一定程度上存在竞争关系，那么兴趣培养的重要性就更加凸显了，重复性的汉字书写难免让学生觉得无聊，教师的严格要求和纠正又使他们产生对于汉语的挫败感，这种挫败感会在一定程度上导致他们对于汉语学习的信心和兴趣降低，这和我们的初衷是背离的，因此在进行汉字书写课时，可以考虑降低难度，降低期待值，提高趣味度，尤其对于低年级初学者，应把重心放在语言兴趣的培养上。

“扯后腿”还是“逗我笑”

案例类别：教学组织与教学管理类　　**地区**：澳大利亚

汉语水平：初级　　**课型**：综合课

对象：澳大利亚小学生　　**作者**：况哲宇

案例描述

2018 年我有幸成为昆士兰大学孔子学院的一名汉语教师志愿者，在澳大利亚布里斯班的希尔斯国际学校小学部进行为期一年的海外教学活动。

案例发生在四年级 A 班，这节课有一个环节是让学生进行分组对话练习，具体步骤是先让学生们进行抽签，每四个学生一组，然后在 PPT 上投出问题，如你叫什么名字？他是谁？这是什么颜色？然后让组内学生两两相互练习，再交换伙伴进行练习。活动开始时还比较顺利，尽管个别学生声音稍大，但都按照教学计划在尝试用中文交流。此时学生 H 大笑起来，吸引了全班同学的注意，我让大家继续练习，然后走过去问她发生了什么。她还是不能止住笑声，我转向和她同组的一名学生 N 了解情况，N 说不知道。这时候 H 对 N 说：“You are pulling my leg！”我从字面上想当然就以为这句话的意思是“你在拖我后腿”，就以为 H 是在笑 N 在练习中有的问题回答不正确或者回答不上来，于是我很严肃地和她说同学们之间应该相互尊重，相互帮助。然后我发现那组同学似乎不可思议地看着我，我当时觉得奇怪也不清楚具体是什么原因。下课后我回想到这个场景，便想查一下这句话是不是我理解错了，一看果然这是一句俚语，意思是你在故意逗我笑，所以 H 是在强调 N 的问题，而我却理解成她嫌弃 N 拖了后腿。

案例分析

汉语教师志愿者多为在校研究生或本科生，英语水平达到日常生活水准，但在教学中还是有所欠缺，我在课堂上遇到的语言问题主要有几种情况：一是听不清学生在说什么或者听清了也不知道是什么意思；二是像本案例这种从字面翻译去理解意义而闹出笑话；三是在和学生交流时找不到合适的句子或词来表达自己的意思。第一种情况只能在日常生活中加强练习，澳大利亚的英语也有口音，部分人的口音还很重，加上小孩子的发音有些含糊不清，理解起来更加困难，这时候集中精神去猜就很有必要，因为课堂上的场景是有限的，学生会和你分享的东西通常也就那些，习惯后有些话即便没听清也可以给出他们希望的反馈。第二种情况有时候我们会习惯性地将中文思维代入对英文的理解中，如案例里“pull my leg”，从字面理解就是拉我的腿，然而实际所代表的意思却相差甚远。我们不可能掌握所有的俚语，这时候要做的就是不要想当然去解读，遇到存疑的句子宁可再问一遍，或者用自己的意思表述一下，看学生怎么说，案例中我想当然地认为就是这样，于是下了结论结果闹出笑话。最后一种情况在和学生交流时找不到合适的句子或词来表达自己的意思也是十分常见的，国内中小学教育阶段很多年学习的都是“哑巴英语”，相比于听力和阅读，我们最薄弱的环节就是表达了，由于所教的学生大都是汉语零基础，我发现在听本土教师的课程时可以尝试把他们常用的课堂管理指令记下，尝试用中文教给学生们。因为学生们对于这个指令的反应已经很熟悉了，我在听一节本土教师的课时，听到他在维持秩序时只要有节奏地说“one，two，eyes on me”所有的学生都会一起按照相同的节奏感来说“one，two，three，eyes on you”然后安静下来看着你，回去后我在课堂上也尝试说了这个指令，发现所有的学生都很快做出反应，后来我把这个翻译成“一，二，看老师”“一，二，三，看老师”教给学生，用和本土教师同样的语调和节奏演练了几次，这样的效果要比之前直接告诉学生们安静好很多。

“遵守规则”而非“服从命令”

案例类别： 教学组织与教学管理类　　**地区：** 澳大利亚

汉语水平： 初级　　**课型：** 综合课

对象： 澳大利亚小学生　　**作者：** 况哲宇

案例描述

教师在课堂规则制定上很容易忽视一些细节性的问题，这里选取了三次处理不当的案例作为借鉴。

在第一次给学生上课前我也搜索过很多的资料，但到了上课时还是比较紧张，而且要用英语，既担心自己的英语“难听”，又担心听不清学生的英语，所以和学生的交流很少，在制定课堂规则的时候，我都是单方面进行宣布，如上课期间不许去厕所，不许喝水，不许……在宣布完规则后，发现学生们明显很抵触，有的噘嘴，有的表情怪异，有的在互相交换眼色。这给学生们留下了很有“疏离感”的第一印象。

在给另一班上课时，我吸取教训，决定不在第一节课明确说禁止条令，而是以后遇到了问题再说。当天还好，但到了接下来两次课时所有的问题就都出现了，我只能不断地和学生说不可以这样，不可以那样。

另外是关于违反课堂规则的处理，在制定规则时，我和学生说如果某位同学多次违反规定，我就会把他送到学生行为管理教师那里。但在具体实施上，由于不可能经常去寻求其他老师的帮助，而且课堂上这种规则的违反并不算严重的问题，所以时间一长，不少学生觉得违反规则也无所谓，因为设定的违反规则的处罚并不会真正实施。

案例分析

很多时候，所谓课堂上的“纪律”都是教师制定的，有些还是教师上课时临时规定的，而且“纪律”的内容基本上是限定学生不能做什么，却极少指明学生可以做什么。只要学生妨碍了教师课堂教学的意愿，就会被“鉴定”为“违反纪律”了，甚至有些教师连这样的“纪律”都没有向学生说明，一切凭自己说了算。这样的课堂氛围，使学生只能处于被动的从属位置，其课堂主人的意识与教学主体的地位无从体现。教师这样的“控制”如同社会上的“人治”，而非“法治”。“人治”靠的是教师一厢情愿甚至是强制的“命令”，一旦教师不在，“命令”也就形同虚设难起效力了。而且这样的“命令”会压抑学生，促使部分学生出现对抗和叛逆行为，无论是直接还是间接，都将导致师生关系的破裂。如此一来，教师时常挂在嘴边口口声声强调的“课堂纪律”就会被学生理解成专门对付他们的一种“专制”的代名词了。最有效的管理方式，是教师与学生共同分享决定课堂事务的权力，只要有关课堂布置、座位安排、规则制定之事，均由教师与学生共同讨论，大家参与决定。在案例一中我由于第一次给学生上课，而且要使用英语来进行表达因而比较紧张，在宣读规则前尽管也想到和学生进行沟通，但却没有实施，这样从学生的角度看来就是我在第一节课一开始便单方面强制性地宣布了各种规则，他们难免存在抵触心理，但在后来的实践中发现，如果换一种方式，通过商议和引导的办法就会好很多。这样的纪律通过大家的讨论，来自于学生，也用之于学生，这样才能让学生们可以主动去接纳、执行和维护。在具体的操作方法上，由于学生年龄较小，我们可以设置一些情景来进行引导。比如后来当我想要和刚加入中文学习的班级一起制定课堂规则的时候，我会问学生：“为什么我们在路边画上了斑马线呢？”会有学生说：“那是专门让人走的，这样更安全！”“如果我们不走斑马线，好不好？”“不好，这样很容易被车撞到。”“对的，当我们画上了斑马线，司机叔叔开到这附近时就会放慢速度，因为知道经常有人过斑马线，这样行人和司机都更加安全了，而在没有斑马线的时候，人们都是随便走的，这样会怎么样？”学生答：“那样就很危险，就可能被撞到。”“说得对，走斑马线就是一条交通规则，有了这个规则，大家又方便又安全了，你们还知道哪些地方要有规则吗？”有的学生说球类运动，有的说开车，有的说上学，于是我总结出“生活中很多事情都有规则，它们让我们更好地进行活动，我们很多人在教室上课，为了能够灵活又有秩序地让课程进行下去，我们要一起制定出合理的规则来。”这样就可以顺理成章地过渡到规则制定上，但这些都需要课前准备，最好能够用简单的英语进行表述，在制定具体规则时也可以进行引导，比如想要制定在课堂上说话要先举手的规则，可以问学生：“为什么在课堂上不应该随意说话？”会有学生答：“我知道，因为那样就听不到老师说话了。”“如果每个同学都在课堂上随意说话，这样好不好？”“不行的，人那么多，都说话就没法上课了。”“那我们可以采取一个措施，避免大家都随意说话，在你想要说话的时候，你要举手，然后等老师叫你的名字，这时候你就可以说了。”“那如果老师没叫我呢？”“那说明这个时候我们正在学习一些重要的内容，老师不希望被打断，这时候你如果能放下手等一会儿再和老师说，老师会很感谢的。”

规矩要重申

案例类别： 教学组织与教学管理类　　**地区：** 中国
汉语水平： 中级　　**课型：** 写作课
对象： 中文系本科二年级留学生　　**作者：** 杨娜

案例描述

王洋从事国际汉语教学工作已经快两年了，她先后教授过口语课、听力课和写作课。这个学期她负责的课程是本一口语课和本二写作课。一个学期下来，王洋对自己的教学效果还算满意。本一学生在开学之初虽然已经有 HSK 3 级以上基础，但大部分学生由于以前没来过中国，虽然读写能力还可以，但真正与中国人交谈起来，就困难重重。经过一个学期的学习，这些学生的听说能力可以说是突飞猛进，提升得非常快，作为他们的口语老师兼班主任的王洋特别有成就感。她带的另外一门课程，本二写作课，也让她对教学充满信心，这源于班上很多学生写作水平都有了很大提升。学生的作文从最初语法、用词、格式、标点等错误频出，到后来格式和标点基本正确，用词越来越贴切，语法错误越来越少。学生们点点滴滴的变化让王洋坚定了努力成为好老师的决心。当她认为所有事情都经过努力都变得很好时，有一件事却让她受到打击。

学期末有个本二的学生找到了王洋，问自己为什么被取消写作课的考试资格。王洋将理由告诉了学生，但学生并不接受。原来按照学校及学院的教学管理规定，课程出勤少于三分之一或者上交作业次数少于三分之一的学生都将被取消该门课程的期末考试资格。这位被取消考试资格的学生正是因为只上交过两次作业，远远少于规定的次数，所以不能参加期末考试。王洋跟这名学生解释了学校的管理规定，并且拿出相关文件，但学生并不接受。这名学生认为自己出勤率很高，上课表现也不错，只是没能完成老师布置的作文，而且老师只是催交作业，并没有警告过她会因此被取消考试资格，她也不清楚缺交作业会有如此严重的后果。无奈之下，王洋只得再次解释管理规定，并询问了该班班主任关于学生对管理规定的了解程度。班主任告诉王洋，开学初入学教育时就告诉过学生，随后针对出勤不好的学生也三番四次地教育过，而且这些管理规定有中英文纸质版本，都曾发放到学生手中。

规定就是规定，该学生最终还是被取消了写作课期末考试资格。王洋多少有些自责，该学生虽然学习成绩不算好，但出勤情况还不错。王洋确实如学生所说，只是单纯地催促过几次该生交作业，而没有在催交作业的同时强调管理规定中缺交作业会导致取消考试资格的严重后果。王洋就此也给自己上了一课，在日后的教学中，她不但会催促学生交作业，同时也会重申各项管理规定，以防学生因为不了解、忘记或疏忽而发生同样的事情。

案例分析

该案例中的学生无法接受因缺交作业而被取消考试资格，如其所述她对学校相关管理规定并不熟悉，没认识到缺交作业的严重后果，而任课教师王洋只是单纯地催交作业，没有强调学校的规章制度，致使学生没有认清不交作业的严重性，导致最终被取消考试资格。虽然班主任老师在开学初已经将各项规章制度告知班上所有学生，但当有学生出勤或者作业完成情况不好时，老师应及时强调，予以警告，特别是当其因缺勤或者缺交作业即将被取消考试资格时，教师更要及时提醒，起到监督警告的作用。避免出现学生因认识不清缺交作业的严重性，而被取消考试资格的情况。

“我一生都在等待这个消息”

案例类别： 教学组织与教学管理类	**地区：** 中国
汉语水平： 初级	**课型：** 综合课
对象： 中国政府奖学金预科生	**作者：** 李琳

案例描述

2018 年 9 月 13 日，第十四届预科生开学典礼在大学生活动中心举行，我坐在前排的一个座位上，手里拿着一张写着“CSC16”的大卡片，还有一张印着同学们中文名字的纸。我知道，这肯定不是我第一次等着与新学生认识，但是每年的这个时候，我的心还是像第一天当老师时那样激动、兴奋，因为我知道，这些人，将会是我接下来的一年中非常重要的人，我要帮助他们学会一门新的语言。

当董杰老师介绍了我的名字和班级时，我高高举起了“CSC16”这张大卡片。不一会儿，第一个学生走到了我的前面，看上去是个南亚人，他看着牌子，说“Teacher, I'm your student”。那特有的发音方式和神态表情，就像宝莱坞电影里的人物。随后，学生们一个个来到了“CSC16”的牌子前，就这样开启了这一年“痛并快乐”的旅程。

18—19 学年，我是两个班的听力老师，同时担任 CSC16 班的班主任。在学习语言的初期，听力课无疑是最具挑战的科目，需要学生对新语言具备较快的理解力和反应力，并能当堂做出反馈，因此与其他课程相比，能较早体现出学生间的差异，“学困生”初步显现，没有晚报到且懂英语的“宝莱坞男生”就是其中之一。他叫马姆，来自孟加拉国，听力课上，别的同学都已听懂的内容，他却一再说：“Again, please，老师。”我知道这太正常了，作为一名多年奋战教学一线的汉语教师，耐心是必备的，然而其他同学已在这重复中觉得无聊，偶尔不经意流露出来，却刺激到了马姆。渐渐地，他不再要求“再听一遍”，取而代之的是空洞的眼神，以及时不时冒出来的一些抱怨的话语，在同学中显得“另类”“孤僻”。我意识到他将是我这一年重点关注的学生之一。

为了全面了解学生的课堂表现，我需要观摩本班级其他老师的课，并会轮流坐在班内学困生的旁边，重点观察他们的上课吸收情况。一次汉字课观摩，我坐在马姆的旁边，发现他对这门同学们认为最简单的课也存在接受障碍。老师领读生字，他模仿不出准确的发音。老师带写汉字，他无法达到正常速度，常常是看一笔写一笔，没有对汉字的整体概念。上课时的情绪也不稳定，感到吃力却也不能一直打断老师进行提问，于是自己在下面窃窃私语……不过，我也发现他有很多本子，密密麻麻地写着各门课上学的汉字，每个字都重复写了一两页，足有上百遍，已经写满了两个本子，可见马姆是个极其努力的学生，这令人欣慰。他没有因为困难而放弃，这是日后他冲破障碍最终获得成功的最根本条件。

于是，我心中有了对他以及同类学困生的第一个帮扶突破口，即：必须好好保护和利用这类学生的“苦学”精神，以达到最终的自我突破。

首先我对他的勤奋表示了高度认可和由衷钦佩，一个努力的人无论何时都理应受到尊重。然而更重要的是，不能让这些努力变成无效的“劣质勤奋”，时间有限，目标艰难，必须把从“努力”通往“收获”的那个“拦路鬼”捉出来！这“鬼”在哪里？从他的练习本里可见端倪，比如，“游泳”的“游”字，是初学阶段比较难的汉字，马姆写了整整两页“游”字，却从第五个“游”开始就写错了，自然，后面所有的“游”都是错误的，他就是这样练习了上百遍错误的“游”字。类似的例子有多少呢？恐怕很多。这样的练习无异于浪费时间，而且将错误的汉字加深了印象，产生的效果是0甚至是负向的。语言学习离不开机械记忆，笨功夫是必需的，但是有的学习者只动手、动眼，却不动脑、不动心，把自己搞得疲惫不堪，却收效甚微，最终只能“自我感动”于“勤奋”，觉得问心无愧，其实从来没有冷静地观察思考过自己的勤奋是否是“劣质勤奋”，这是很多学困生经历过的。老师应在开始的阶段就发现并指出症结，引导学生使用更高效的学习方法。我告诉马姆，记生词的时候，一个词一个词地记，比如要记“游泳”这个词，不要分开记“游”和“泳”；生词的发音、意义、字形一起记，先写五遍，再用发音、意义、字形三方面相互检查是否记住，比如只给“意义”，能否说出发音，写出字形，同理可推，如能记住，就可进入下一个生词的复习；已记住的不再复习，忘了的反复复习；试着用生词造句，检查自己除了理解，能否表达……这些方法是语言学习的基本规律，需要反复引导学生，不是一次谈话就能有效果的。学生多年来形成的学习习惯怎会一下子改变呢？

每个学生都渴望“被看见”，然后才会“表达更多”。在持续的鼓励和引导下，马姆又开始爱说爱笑了，逐渐对我敞开了心扉，畅所欲言。不仅是学习方面的问题，他还与我交流他在祖国的生活经历，甚至也能倾诉一些负面的情绪。他在微信里说："因为你是我的老师，你理解我，所以我就 talk freely。"我深知这种信任多么难能可贵，于是有了对此类学困生的第二个帮扶突破口，即：利用学生对老师的信任感，不断告诉他们"你很棒，老师相信你一定会提高"，将学生从自卑的泥沼中拉上来。

每一种性格特点都有其两面性，可从正反两面解读。一个自卑的学生，往往也很"谦逊"；一个略显孤僻的学生，可能比较"专注"；一个爱钻牛角尖的学生，亦是"执着坚韧"的；一个爱跟老师抱怨、提出不满的学生，其实对老师非常信任，他知道老师不会因此厌恶他。马姆拥有上述所有"优点"（或"缺点"）。我的教学风格倾向于"正向"教育，因此会好好利用每个学生的"闪光点"。

第一学期期中考试后，预科系开设了数学先导课，马姆特别兴奋，因为数学是他热爱的学科。然而真正上数学课以后，他的情绪又崩溃了……虽然他本人对数学怀有极高的兴趣，但孟加拉国数学教育基础和中国数学教育基础之差距，一些同学的数学基础之强大，甚至老师在黑板上如计算器一般的轻松运算都令他震惊。原本以为自己引以为傲的"强项"来了，没想到迎来"万点暴击"，比起汉语学习遇到的困难，这一次他的心态出现了更大的问题。一次数学课上，他有一道题没有听懂，高小岸老师希望课下给他解答，不占用过多上课的时间，因为大多数同学已经理解了。然而马姆竟然冲向讲台，挡住黑板，不让高老师继续讲课，那一刻，他的心只纠结在这一道题上，情绪失控，无法接受自己在数学方面存在问题。面对这一突然的举动，高小岸老师非常吃惊，但她很快凭借多年的教学经验和善意的开导，安抚了马姆的情绪，并且在这件事后，高老师也成了他十分信任的老师。于是，马姆多了一位"倾诉对象"，并且多了一位告诉他"你很棒"的老师。此后的他虽然在学习上依然困难，但仿佛有了一些"底气"，眼里有光了。

就像引导学生正确的学习方法一样，"精神鼓励"也需要持续不断地输入。记得在第一次做 CSC 模拟考试时，马姆看到试题，就沮丧地说："老师，我不会通过，我已经知道了，我不会通过……"眼里尽是沮丧和无力。还有一次作文题，马姆写得不错，我给了较高的分数，他却说："老师，我不配得这个分，要是别的老师看，肯定不是这个分。"这种"不配得"心态无疑具有相当大的摧毁力，学生骨子里把自己看成"loser"，必然也会走向他自己定义的"失败"。学生存在个体差异，A 同学 3 个小时都想不明白的问题，B 同学 1 分钟就懂了。成绩名列前茅的学生都是埋头苦学型吗？并不是。这就是现实，否认现实，或虚伪地说"只要努力，就能通过考试”都是不负责任的态度。我们不能改变现实，却能调节自己的心态和价值观。“不以成败论英雄”不是一句空话，每个学生都是一个宇宙，学习只是其中的一方面，追求成绩但不“唯成绩论”，是每位老师、每位学生应该有的健康心态，拥有此心态的学生会正视自己的问题，不会因为虚荣铤而走险去作弊。这也是我帮扶此类学困生的核心思路：师生携手只管努力，用脑子有技巧地努力，用信念有信心地努力，结果随意，不焦虑，不强求，也不留遗憾。

终于到了公布 CSC 统考成绩的日子，老师们在会议室里紧张地看着学生的成绩……这时收到了高小岸老师的微信：“马姆真的太棒了！”相视一笑后，我立即把这个好消息告诉了马姆：“你三门考试都通过了！我为你骄傲！”随后马姆发来微信表达了他的狂喜之情，并在朋友圈发了我们的聊天截图，并配文“我一生都在等待这个消息……”那一刻，我虽不在他的身边，却仿佛看到了他激动的泪水。那一刻，我想起了很多类似的场景，比如上一届的赤道几内亚学生李诺，从第一次听力考试就不及格，屡败屡战，一直到第二学期期中考试第一次上了 60 分，拿到卷子后失声痛哭。还有第一年成绩始终全年级垫底的也门学生苏莱曼，第二年复读时，上台领取优秀学生奖时眼里的泪光。于我而言，他们只是我众多学生中的一小部分。于他们而言，这是他们人生的黄金时刻，甚至是一部属于自己的奋斗史诗！

马姆的案例只是天津大学预科教育十五年的风雨历程中一个小小的故事，我也只是多年奋战预科教学一线的众多普通教师之一。这样的故事并不惊天动地，它平凡又温暖，是每位预科老师的常态。这样的故事每时每刻都在发生，我坚信，待到毕业时，一定有更多的同学和老师书写出属于自己的史诗！

案例分析

天赋、资质、态度都好的学生是每个老师都喜欢的，但这可遇而不可求。各方面“常态”的学生也不错，对一位经验丰富的教师来说并不难应对。而恰恰是学困生才是对老师耐心、能力、情商等多方面的真正考验，与你缘分最深的学生就是这些学困生，你必得为他们付出更多的精力和时间。特别是那些超出你以往经验范畴的“问题学生”，他们是拓展老师认知、促进老师突破的契机。遇到这样的学生，首先我们要调整心态，不应产生厌烦情绪，反而可以怀有感恩之心，有了这样让自己不断进步的机遇。老师如有健康良好的心态，对学生会产生持续正面的影响。

学困生虽然有各不相同的情况，但共同特征都是背负了很大的心理压力，他们内心深处一定渴望进步，即使是看起来自暴自弃、破罐破摔的学生，也只是表现出一种对失败的逃避和恐惧。渴望进步是人性的基本需求，因此作为老师，不要否定任何一位学生，而要努力在学生身上找到闪光点，例如案例中马姆的“谦虚”“执着”和对老师的信任。利用这些闪光点，发挥最大的效能，从而激活学生的内在驱动力。

另外，要时刻树立这样的观念：老师是学生的帮助者、引领者，而不是制造压力者、挑剔毛病者。遇到困难了，正常人都会感到很沮丧，此时的批评只是增添了学生的心理压力，不一定有助于学生进步。有的学生态度涣散，精神萎靡，不能达到老师的要求，确实令老师生气。与其严厉批评、施加压力，不如多观察学生、了解学生的生活。可能学生正处于身体与情绪的低潮期，或是遇到了不如意的事，影响了学习。很少有学生刻意与老师作对，我们要做的就是找到症结，帮助学生渡过难关。当学生与老师建立了信任，教育和学习活动就能比较顺利地进行下去，离目标就会越来越近。

总之，学困生的成长与改变是最能体现老师价值的，可以说他们是提升老师教学水平、拓展老师教育认知的“宝藏”。你帮助了越多的学困生，也就带领了更多的人走出了自卑。无论最终是否达到了既定的“目标”，这一段旅程的收获对师生而言都弥足珍贵。

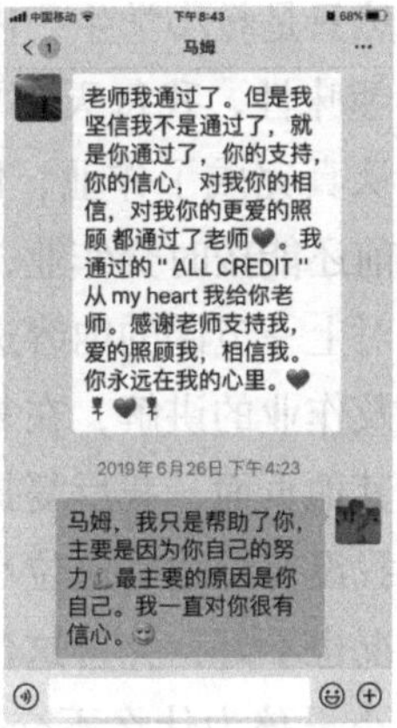

“不”和“没”

案例类别： 教学组织与教学管理类　　**地区：** 中国
汉语水平： 初级　　**课型：** 讲解课
对象： 马来西亚华裔小学生　　**作者：** 张田田

案例描述

我是在校汉硕研究生，寒假期间通过网上兼职教国外上小学的小朋友学习中文，学生是马来西亚华裔，共有四位，三个男生和一位女生，年龄在十岁左右，四位学生的性格都不一样，并且中文水平、上课的兴趣、作业完成的程度也有所不同，这让初次当老师的我有些犯难。

虽然只是教小学生，内容并不难，但也要花心思让课程简单易懂，并且要兼顾课堂的趣味性，我每天都要认真备课。其中一位男孩在上第一节课时还算比较认真，也认真完成了作业，但到后来，不认真听课、不认真完成作业的情况时有发生，之前还能按时交作业，但有一次直接没有交作业，根据课程设置的要求，我每天都要对上一节课的内容进行复习，然后再进行新课讲解，复习内容包括知识点的讲解以及作业的讲解，在复习知识点的时候，这位小男孩就不认真听课，像是在上网浏览其他页面，我反复提醒让他认真听课，可并没有什么效果，为了能够让课程继续，我没有继续管这位小男孩，到了讲解作业时候，我看到其他三位同学作业的完成情况也不好，并且这位调皮的小男孩还没有交作业，我就有些生气，于是我就问这位小男孩为什么不交作业，这位小男孩回答道：“对不起，老师我不写作业。”我的火就被点燃了，觉得作为老师的威严被冒犯，言辞就有些激烈，说道：“作为学生上课不认真听课，还不写作业，那为什么还要来上课呢？下次如果你还不写作业就不用来上课了。”说完这些话之后这位调皮的男孩在接下来的课堂上再也没有说过一句话。

我平复了一会心情，就继续讲解上节课的作业了，我问同学为什么这次的作业都做得不太好，同学们回答说这次的作业太难了，有些都不明白是什么意思，我也意识到了这次的作业布置得有些难，不能全怪学生不认真完成作业，我耐心地讲解完作业，并跟同学们说："布置作业有些难确实是老师考虑不周，下次如果有什么问题，大家可以随时找老师沟通，老师会及时解决问题，希望我们都能快乐地学完这些有意思的知识。"

在课程结束之后，我接到了小男孩母亲的电话，解释小男孩的父亲已经严厉批评过小男孩，并且说小男孩并不是想要表达不写作业，而是想和老师道歉说这次作业没写完所以没有及时上交，只是因为不会更好地表达没写作业，所以就用不写代替了，造成了误会，我也觉得很抱歉，没有问清楚就用比较严厉的语言和小男孩讲话，也跟小男孩道歉了，并且约定以后会认真完成作业，认真学习有意思的中文。

案例分析

作为经验不足的汉语老师，在上课的时候会遇到很多问题，首先就是如何应对学生性格不一样的这个问题，对于调皮的学生，就要想办法去多沟通，对于一直出现的问题，第一节课后就要及时地解决，不能等到事情很严重之后才去解决。比如这位比较调皮的小男孩，调皮的同时也意味着性格比较开朗，老师可以私下跟他多交流，了解他的想法，了解他不认真听课，不完成作业的动机是什么，可以在课下以朋友的身份和他沟通，同时让他意识到，在课堂上要尊重老师，课下是朋友，但是在课堂上就要认真遵守课堂上的纪律。共同完成目标。

同样张老师也意识到了和小朋友父母沟通的重要性，遇到有些问题无法解决的时候，可以及时和家长进行沟通，父母和老师并肩作战，共同朝着目标前进。

最后我也认识到，任何时候都不要着急发脾气，因为发脾气也解决不了任何问题，要及时询问清楚，就不会出现"不"和"没"的问题，也不会出现尴尬的情况。

经历了这次的课程，我也意识到作为一位老师想要有好的课堂效果，不仅自己的专业素养要过硬，自己的脾气性格、看待问题的角度方式都要有所提高，才能达到比较好的效果。

汉语课堂的“小天使”

案例类别：教学组织与教学管理类　　地区：印度尼西亚
汉语水平：零基础　　课型：听说课
对象：印度尼西亚 3~4 岁幼儿　　作者：雷威

案例描述

我是天津大学的汉硕研究生，在大学毕业前曾经参加河北师范大学国际文化交流学院印尼实习项目。主要对印尼巴厘岛的一所私立三语学校的学生进行汉语的听、说教学。与此同时，我还担任了幼儿园中班的副班主任，主要是在课间与小朋友互动交流，并且需要在没有中文课的时间前往班级进行辅助管理。该学校的幼儿园学生没有购买相关的汉语教材，老师须自行进行教学设计并制作教具，该地区的教室没有多媒体播放设备，因此很多时候需要打印或手绘图片来辅助教学。因此，我的教学任务较为繁杂。

我负责的幼儿园中班的学生年龄在 3~4 岁左右，正处于活泼好动的阶段，比起印尼语课和英语课，汉语课对小朋友来说是最难的课程，因此该学校的幼儿园汉语课教学想要顺利进行显得十分困难，该班的纪律问题经常令诸多老师头痛。另外，我是第一次给幼儿教汉语，对小孩子一直有较为抵触的情绪，很怕所在的班级有小孩哭闹，无法顺利教学。令我意外的是，这些孩子乖巧聪明，有游戏与活动时都会积极地参与，并且期望得到老师的夸奖。作为班级的副班主任，我很快适应了与小孩子相处的模式并乐在其中。但是，在汉语课堂上，作为汉语老师，我又认识了这些学生的另外一面……在课堂教学时积攒的不愉快慢慢超过了与学生们课余相处时的快乐。

刚到幼儿中班的时候，我的汉语生词教学进行得轻松且愉快，在汉语课堂上拿着自己绘制或者打印的水果、动物、交通工具等图片展示给小朋友并进行带读，随后，依次请小朋友上前进行领读，学生们也很喜欢这位新来的中国老师，在课间遇见的时候都要大声地打招呼。教导主任告诉我，小孩子喜欢做游戏是天性，我的课堂里设计了许多互动环节，因此学生们比以前更积极，也更喜欢我。

好景不长，就在我的汉语课堂已经慢慢调动起学生们学习汉语的热情时，班里出现了一名调皮男孩，在我与其他小朋友进行课堂互动时经常发出怪叫，甚至在老师念完生词后会故意发出错误的读音来误导身边的同学，我希望在课堂后面坐着的当地班主任能够维持一下教学秩序，但是当地老师并不在意这个男孩影响教学的行为。我感到自己的课堂没有受到重视，但还是忍住心中的不满，多次口头提醒这名学生坐好，不要大声喊叫，然而并不见效，我又邀请他上前互动，防止他干扰其他同学学习。由于在课间活动时我对于这个男孩总是有求必应，所以从一开始就没有建立教师的权威形象，学生更多的是把我当成了一个温柔的姐姐。

几周课堂教学后，我发现这位调皮的学生在班主任在场时就十分乖巧，在班主任不在时便胡乱吼叫，于是再上课时，我请班主任老师前期在教室维持教学秩序，而班主任在后期有事离开了教室，本来乖巧的男孩又大叫起来，我忍无可忍，大声喊出他的名字，这一次大声点名后，课堂瞬间安静了，这位同学也悄悄地坐到了课堂最后。

此后，这位学生虽然不在课堂上大喊大叫了，但是我心里却说不出的难受。直到一次长假过后，我到班级后第一眼就看到了坐在最后的男孩，我热情地叫他做互动游戏，并在他回答完问题后奖励了一枚小贴纸。此后，这位同学在汉语课堂上积极回答问题，再也没有捣乱了。

案例分析

该案例反映了幼儿汉语教学的难点：学生自控能力差、注意力不集中、课堂管理难、课堂效率低……有研究指出，儿童注意力能持续的分钟数等于他们的年龄加上 2，所以该班的孩子们注意力大概持续在五六分钟，教师的讲解时间不应过长。另外，低龄学生都渴望得到老师的表扬，面对老师在课堂中的批评和愤怒通常采取消极和回避的态度。

与这位调皮的男同学打破了之前的隔阂以后，我反思了自己的教学。首先，面对三四岁的小孩子，不能用成年人的课堂标准来要求，一开始对课堂的要求就过高了。第二，教师要做汉语课堂的主导者。本地老师虽然在场，但没有义务帮助自己时时刻刻维持课堂秩序，汉语教师的听说课还是要靠自己掌握节奏，保持教学秩序。第三，幼儿的汉语课堂应该靠有趣的内容和多彩的课堂活动来吸引他们，而不是一味地压制幼儿活泼的本性。我一直是以展示图片的方式教生词，可能学生们已经有些厌倦了。另外，身为班级的副班主任，由于对当地语言掌握不多，并没有与问题学生的家长反映过，在以后应当与学生家长建立良好的沟通，让家长成为孩子语言学习的支持者和观察者。意识到这些，我觉得最近的教学工作有些麻木了，不如刚开始的时候那么积极地设计教学活动了，因此我利用周末及时调整心态，主动和其他班的汉语老师交流教学心得，学到了许多教学小游戏，不再对学生发火，而且引导学生加入活动中，努力创造一个温情的汉语学习环境。

五分钟

案例类别：教学组织与教学管理类	**地区：**印度尼西亚
汉语水平：中级	**课型：**补习课
对象：印度尼西亚大专生	**作者：**雷威

案例描述

我是天津大学的一名汉硕研究生，在大学毕业前曾经参加河北师范大学国际文化交流学院印尼实习项目。该实习项目为期半年，主要对印尼巴厘岛的一所私立三语学校的学生进行汉语的听说教学，与此同时，还担任了该校大专生的汉语补习工作，该补习班有固定的教材并且课时十分紧张，每节课的教学内容都安排得满满当当。由于教学对象是成年人，并且都具有一定的汉语基础，因此，我的教学任务虽重但教学过程十分愉快。

由于该班的学生的年龄都是二十岁左右，与我年纪相仿，因此他们与老师的相处模式就像朋友一般，上课讲到课文中一些他们感兴趣的内容时总会进行追问，比如北京的烤鸭好吃吗？老师去过上海吗？诸如此类与教学关系不大的问题总会充斥着课堂，由于我与该班的学生相处十分融洽，在课堂上偶尔也像聊天一样向他们分享自己在中国的生活与趣事，所以每到下课的时候总会有一些课堂训练没有做完，前几次课学生们都很耐心地配合我完成最后一道题，其实也就是五分钟的时间，我听到下课铃声后也总是微笑地说："再等五分钟，同学们，我们把最后这个完成！"同学们也是欣然接受，笑着回应："好的老师，五分钟，没问题！"每次圆满地完成教学任务宣布下课的那一瞬间，我都觉得轻松又开心，因为没有耽误这个班学生的学习进程，还以更愉快的方式让他们学到了汉语知识，学生们在离开教室前也会一一向我告别，还有学生送给我一些糖果等小礼物，每次上完大专的汉语补习课我都觉得是一种享受。

直到有一次，我在课前点名时发现一位同学缺勤，问其他同学，他们说这位同学有点事，可能要晚五分钟到，就五分钟，老师不用记录了。我知道这位同学平安后也没有追问，也没有把他记为缺勤，可直到课程进行到尾声这位同学才姗姗来迟，并且毫无歉意，坐到座位上还与旁边的同学聊起了天，我发现后有些生气，但想到都是成年人，要照顾一下他们的面子，并没有批评他，只是轻声咳嗽示意他赶快安静下来。到了下课的时间，我又剩下一些练习题没有订正，于是向同学们说晚五分钟下课，这位本来就迟到的同学看起来十分不满，一边收拾书包一边漫不经心地应和着我，我感受到这位同学的不愉快情绪慢慢扩散到了整个课堂，练习也不得不戛然而止，我宣布下课，同学们立即响起了掌声并迅速与我告别。虽然没有圆满地完成教学计划，但是我看到同学们惊讶又欣喜的表情还是很高兴，这位迟到的同学临走时和我说：“对不起，老师，今天我迟到了。还有，谢谢老师，今天没有五分钟，我们都特别高兴。”

案例分析

经过这次小插曲后，我反思了自己在大专补习课的教学习惯，确实有不妥当的地方。首先，经常拖堂，虽然是本着完成教学任务的目的，但是耽误了同学们的休息时间，一两次还好，发生过多次，同学们表面不说，心中肯定产生了不愉快的情绪。其次，在课堂上与同学们分享的中国生活过多，且不会拒绝同学们提出的与课堂教学无关的问题，这严重影响了教学进度，这是早就该意识到并改正的。另外，我虽然与大专生是同龄人，但仍应该建立起作为教师的威信，不能因为和谐的朋友相处模式就不好意思批评犯错误的学生，这样不仅会让学生们得寸进尺，还会一点点降低自己作为教师的权威感，很不利于今后课堂秩序的维护。意识到这些问题后，我开始减少在课堂上提及课外话题的次数，并且严格遵守上课与下课的时间，也明确地要求学生不能迟到早退，有事需要提前说明，重申了课堂纪律问题，在学生们聊天时也加以制止，这样一来，教学内容也能按时完成，课堂秩序也得到了保证。学生们说雷老师好像比以前严格了，但是又感觉雷老师的课变快了。我向同学们保证，再也不会有五分钟了。

给预科生当班主任

案例类别： 教学组织与教学管理类　　**地区：** 中国
汉语水平： 零基础　　**课型：** 综合课
对象： 中国政府奖学金预科留学生　　**作者：** 张怡

案例描述

2010 年 9 月，我在天津大学对外汉语系预科教学部迎来了来自十二个国家的十五名中国政府奖学金来华留学预科生，成为了预科六班的班主任，承担着班级管理和带领他们从零开始一年通过汉语水平四级考试的重任。

一、一扇门引出一个故事

开学初，学院向预科生反复强调了关于出勤的种种规定，作为班主任我也在第一时间向学生提出了按时上课不许迟到的要求。本以为这样的三令五申会有很好的效果，但是开学以来我的班级迟到现象屡禁不止，严重影响了正常的教学秩序。为此我做出了一个无奈的决定：每节课上课铃响后准时关上教室门，迟到的同学等课间休息时再进入，这节课按旷课处理。说实话，做出这样的决定我也顶着很大的压力，因为作为老师我没有剥夺学生学习的权力，特别是看到有的学生透过玻璃窗用乞求的眼神看着我时，心里更是说不出的滋味。但我想既然制定了规矩，就要贯彻到底。好在制度实行以来，大多数学生都能照章办事，唯有大卫依然我行我素，大卫就住在留园 A 区，每天来留园 C 区上课，却是迟到的“惯犯”，新制度实行的第一天他就“以身试法”，被我关在了门外。大卫性格有些急躁，不出所料，那天他气冲冲地跑到了办公室，向教务老师抱怨我的种种不是，并以换班威胁。那天中午了解到情况后，我把大卫叫到了我的办公室，他觉得我会生气，始终不敢正视我，而我只温和地说了三句话：如果想换班我可以无条件帮助你；如果在我的班迟到就会被关在门外；如果有什么困难现在我愿意倾听。短暂的沉默后，这个身高一米八的大男孩在我这个只比他大四岁的老师面前痛哭流涕。他向我倾诉了一个人在中国生活和学习的种种压力，也对之前的冲动行为表示后悔，并保证以后不会再迟到。那时候时针已经指向了一点，我用一顿有点儿冰冷的午餐奖励了大卫的“迷途知返”。这样的制度在我们班只实行了一周，之后的日子里大卫几乎没有迟到过，其他同学也都在一周时间内尝到了按时上课的甜头，迟到现象大为改观。也是通过这件事，我让学生们知道，我的“地盘”必须听我的，但是这个“杀手”其实真的不太冷。

二、一本书感化一颗心灵

西蒙是我们班年龄最小的学生，聪明但不自觉，组织纪律性极差，是我的“问题学生”，所以我也格外关注他。开学不久，我发现他常常和同桌共用一本教材，每次当着全班同学的面问他，他都解释是把书落在了宿舍，下次保证带来。连续三天他都用这样的借口搪塞我，那天我真的生气了，课后把他留了下来，单独面对我他才说出真相。原来是他把书弄丢了，可是刚刚开学还没有拿到第一个月的生活费，没有钱买新书，就这样一直和同桌将就着看。那天，我把自己的一本崭新的教材作为礼物送给了他。拿着新书的西蒙傻傻地看着我，激动得甚至忘了道谢。那以后，他上课的时候更配合了，听课的时候也更投入了，这些变化让我高兴。一天晚上，我意外接到了西蒙父亲打来的国际长途，因为浓重的口音，我们的交流并不顺畅，但是不断重复的那句“中国老师，谢谢”我还是听懂了。也许有人会说，一本教材不过二三十块他不会买不起，但我愿意相信西蒙一次，后来他三次考试从第十二名到第九名再到第六名的进步就足以证明一切了。

三、一首歌找回一份自信

米勒来自法语区，不会讲英语，而且语言学习能力较差，从语音阶段他就明显落在了全班同学之后。很多次我试图帮他，但是因为语言的障碍，都收效甚微。但他依然坚持来上课，和同学们友善地打招呼，向我礼貌地说谢谢，不过这礼貌和友善背后难掩他的自卑与焦虑。但是我想只要米勒没有放弃自己，我就没有理由放弃一个还想用心拥抱汉语的孩子。日常教学中我观察到米勒非常喜欢唱歌，一天上课的时候，学到“民谣”一词，我就请米勒用法语哼唱几句他国家的民谣，他唱得那么认真，声音温柔而富有磁性，一曲唱毕赢得满堂喝彩。也就是那天我第一次看到米勒笑了，笑得那么开心。那之后，他似乎变得有些自信了，也更愿意大声说汉语了，即使只是最简单的句子，也足以让人欣慰。我知道当别的学生如愿进入大学学习时，米勒也许不得不面对失败的窘境，也许他注定与汉语无缘吧，但是如果若干年后他回忆起中国，回忆起天津大学，回忆起天大的老师们时心里是温暖的，这就足够了。

四、一句话温暖整个寒冬

一个学期以来，在辛勤付出的同时，我也收获了很多惊喜。2010 年的 12 月 31 日，又是一个需要战斗到下午五点半的周末。像往常一样，当我略带疲惫地说出下课准备离开时，学生示意我多留一会儿。那时我才意识到这是一年中的最后一天，于是我送上了对孩子们的新年祝福。就在那一刻，他们不知道从哪儿突然变出了两盒巧克力和一个一米多高的毛绒玩具，好像排练过一样把我围在中间，然后每个人都走到我面前送上一句话。学生们用镜头记录下了这些感人的画面，这段视频是我当老师以来收到的最弥足珍贵的新年礼物。带着学生们的感谢与祝福前行，这个有些漫长的冬天变得特别温暖。现在那个又高又壮的毛绒玩具就躺在我的床上，她有一个好听的名字叫安娜，学生说看到安娜就会想起他们，想起预科六班，因为我们的班长就叫安娜……其实他们不知道，即使没有“安娜”，没有那些镜头记录下的瞬间，我又怎会忘记他们呢？

案例分析

有人说：爱是刀刃上的蜜糖。对留学生的管理和教育同样如此，有制定规则时的锋利，有处理问题上的柔韧，有面对困难时的苦涩，也有收获成绩时的甜蜜。作为预科生的班主任，在面对来自不同国家、不同语言、不同文化背景的年轻学生时，特别是在学生短期内要达成较高任务目标的大背景下，“立规矩”“树威信”是非常必要的，这是一切教学能够顺利进行的保证。但是在严格要求的同时，我们也要留心观察不同学生的特点，细心发现个别学生的变化，耐心倾听困难学生的需求，也诚心接受来自学生的反馈，做到严而有度、严而有法、严而有爱，从而实现师生间最良性的互动。

“纠音”课还是“纠纪律”课？

案例类别： 教学组织与教学管理类　**地区：** 中国
汉语水平： 初级　**课型：** 辅导课
对象： 预科留学生　**作者：** 贾艺聪

案例描述

我负责在晚自习时间给预科系的留学生纠音。这是一群刚来到中国的外国留学生，他们的汉语水平还比较低，也还不适应中国的学习和生活。上第一节晚自习时，因为到了晚上，大家上了一天的课，很多同学有些坐不住了，说着自己国家的语言，随意走动着，也不遵守课堂纪律，这让我很头疼。我认为不能纵容大家这样下去，于是非常严肃地大声喊让大家安静，向同学们说明了中国的课堂纪律，包括如何向老师问好，课堂礼仪等等，并要求所有人必须做到，否则会影响他们的课程期末成绩。面对突然严肃的老师，留学生们很快安静了下来。接下来的整节课我都非常严肃，没有露出一点笑容。

第二次给这个班级上课，我来到教室，班级里所有同学都安静地坐在自己座位上，然后大家一起起立向老师问好。我见状非常满意，认为之前自己的严格要求“奏效”了。此时有一位男同学因为身体不适迟到了，站在门口和老师打了报告。我为了再次树立威严，让男同学在外边站了三分钟才让他进来。接着我开始上课，将大家白天学习的汉字工整地抄在黑板上，一个一个地检查学生的发音并帮助发音不规范的同学纠正。进行完这一环节后，我问大家还有什么疑问。等了七八秒以后，才有一位男同学举手，说刚才没听清“国家”的读音，想让老师再示范几次。我认真为这位同学做了示范，并提醒大家课后要多背诵才能记住字音。没过一个星期，学生们纷纷向学院反映我的课堂要求太严，并且在字音学习上并没有提高。我很苦恼，觉得自己非常认真地对待课堂，不明白留学生们为什么有意见。

案例分析

本案例中教师采取的是典型的中国传统教学模式，体现了中国传统的师生关系特点。中国讲究师道尊严，教师在整个课堂中处于主动地位。在课堂上，教师负责输出、传授知识，学生只需要被动接受知识即可。

接下来对本案例进行具体分析。首先老师走进课堂，学生起立问好、举手回答问题，之后有一个男同学迟到了，他打了报告，但是老师让他站了三分钟后才允许他进教室，这样严格的纪律会使学生变得谨小慎微，不敢在课堂上随意发言或者担心没能按照教师要求去做而不敢随意发表意见，这样并不利于良好师生关系的培养，也不利于学生汉语综合技能的训练。长此以往，学生们学习汉语的兴趣会因此而消减，枯燥的课堂内容会使学生的主动性和积极性越来越差，学生们甚至会惧怕上课，最终导致厌学。

在整个课堂教学过程中能很明显地看出教师占据主导地位。课后要求背诵体现了老师对记忆知识的重视。但是整个教学过程中没有考虑到学生的情绪。在课堂提问环节，学生们并不积极主动，明显缺少师生之间的良好互动。

这则案例引起我们对传统教学模式和跨文化交际的思考。在很多国家，课堂上主要以学生、活动、任务为中心，注重发展学生的综合素质和个体个性。而我们的传统教学大多以课堂、课程和教师为中心，以知识为本。表现在课堂上，贾老师实行了严格、稳定的课堂组织形式，强调记忆模仿，现在这种保守传统的教学方式已经逐渐被淘汰。为了更好地提升学生“听、说、读、写”的综合技能，目前大多汉语教师都会从学生出发，重视课堂教学质量，采取更加灵活多样的课堂组织形式，强调对知识的理解和素质教育。

同时，对外汉语教学不同于传统教学。由于中国教师和外国学生文化背景不同，就会出现跨文化差异现象，师生之间的交际难免存在一定的障碍。这时候便需要教师在课前了解与学生之间的文化差异，随时调整教学计划。如果教师一意孤行，单纯按照自己的教学方式去教授，便会造成文化冲突。

现在我国汉语教师的教学方式已不再死板，师生的地位更为平等，教师和学生的跨文化交际能力越来越强，老师也更注重学生上课的体验，明白从学生的学习动机出发，调整教学方式，激发学生学习汉语的兴趣点，而不再是照本宣科。

随着“汉语热”的全球化，对外汉语课程的教学方法也需要与时俱进，教师需要依据实际教学情况不断地进行教学调整，尤其是面对不同国家的学生，就更需要入乡随俗，取长补短，尊重并听取学生意见。这样不仅有利于学生汉语水平的提高和师生关系的良好发展，也能让外国学生更加热爱汉语，热爱中国文化。

“菲”常际遇

案例类别：教学组织与教学管理类	**地区：**菲律宾
汉语水平：零基础	**课型：**综合课
对象：菲律宾小学生	**作者：**李杰

案例描述

李老师曾经在菲律宾中正学院作为志愿者老师教授中文。中正学院是菲律宾最大的一所华校，学校的生源包括中国来的孩子、菲律宾的华人子女以及菲律宾本地的孩子。她教的学生虽然在之前接触过闽南语和普通话，但是学生们基础比较薄弱，并不能直接用普通话流利地交流，所以老师在和学生交流的过程中，仍然存在一定的困难。在课堂上，光凭借汉语与之进行交流并不能正确而有效地沟通，因此，他们并不能听懂很多教学指令并执行。再者国外的学生较之中国国内的学生，并没有很好的纪律性，所以课堂管理成了一个令人头疼的难题。对于小朋友们来说，汉语只是一门可有可无的语言，难学，令人头疼，他们实在是提不起劲儿，对此老师也深感头疼。

即使有班主任老师（homeroom teacher）的介入，学生们也只是在班主任老师的威严下暂时遵守班级秩序，但是实际上还是暗波浮动，无纪律性可言。比如班上有一个菲律宾小男孩，他的中文基础很差，几乎听不懂中文，时间一长竟愈发不喜欢学汉语，后来更是放任自己，不再学了。几个月下来，班上的其他小朋友大多已经明白了很多课堂指令的意思并行动，但是他每次上课都是我行我素，想干什么就干什么：画画，和同桌讲话，甚至有故意调皮捣蛋的行为。这不仅是对课堂秩序的挑衅，而且，不知不觉也影响了他周边的很多孩子，导致岌岌可危的课堂秩序再次毁于一旦。但是一下课他又会跑到老师面前撒娇卖萌，一副“哥俩好”的模样，仿佛刚刚“兴风作浪”的人不是他，弄得老师也哭笑不得。

李老师也经常和他的班主任老师沟通交流，但是即便沟通过很多次，也没能商讨出一些很有效的办法，班主任老师给得最多的建议就是要多给孩子一些时间和耐心，慢慢来，毕竟他们在学习一门新的语言。李老师只能不断地给自己打气，她突然意识到掌握基本的汉语教学知识和汉语教学技巧还远远不够，或许还可以查一查儿童心理学相关的资料，花更多心思去设计教学结构以及在如何增加学习的趣味性上下功夫。

于是李老师一边查阅资料学习，一边进行教学反思，记录下在教学中的一些心得，希望能对今后的教学工作有所帮助，并且在教学过程中采取了以下几个原则。首先，针对课堂秩序上的管理，凡事预则立，在刚开始接管一个班级时就要树立教师的威严，建立课堂的纪律。很多国外的课堂教师和学生的相处模式是像朋友那样，这样的模式没有什么问题，但是在汉语的教学过程中，教师必须要让孩子明白，老师是教授他们中文知识和为他们提供学习上帮助的人，而不是陪玩对象或者是帮他们系鞋带的保姆。同时，儿童的自律性是比较差的，在一开始，教师就应该告诉学生，什么是可以做的，什么是不可以做的，学生脑海里有了这样一个概念，或多或少会制约他们的一些行为，久而久之，学生们也会养成一个良好的习惯。行为在集体中是容易传染的，好的习惯和行为会在班级里起到表率的作用，形成一个良好的循环。

其次，要善于使用课堂指令。跨文化交际中如果存在语言障碍，或多或少还是会给教学活动的开展带来一些麻烦，第二语言教学中也不鼓励使用过多母语，如何在教学过程中平衡教学对象母语使用的频率是大有学问的。但是，如果对象是儿童，汉语基础薄弱的教学对象，我们可以适当地使用一些教学对象的母语，首先让他们熟悉一些最基本的教学指令，继而再进一步实施教学安排和计划。俗话说得好，磨刀不误砍柴工。教学步骤安排得当，教学内容主次分明，课堂上就会少出现很多问题。

事实证明，课堂的设计及流程安排如果能贴合小朋友们的兴趣点的话，课程将会进行得十分顺利。虽然没有纪律的小朋友每天表现得像是一个混世魔王，但是在游戏环节竟意外地听话，遵守规则。他们对于游戏的喜爱溢于言表。学生们会竞相使出浑身解数，尽力在游戏中夺得桂冠。当然，他们不会只钟情于一个游戏，这就需要教师多设计有趣的游戏环节，在玩的过程中帮助他们更好地掌握学习知识点，写得更好，记得更牢。

最后，就像班主任老师所说的那样，耐心与爱是很重要的。孩子是花朵，需要呵护，教师需要用自己的耐心和爱去包容和感化学生。不管在什么课堂，老师总会遇到令人头疼的学生，但是，如果放任不管，他们就会一直令你“头疼”，一直制造“麻烦”，但是如果你有足够的耐心和爱心，努力地去了解孩子的内心世界，弄清楚在教学中究竟是哪个环节出了问题，用孩子的眼光去看待问题，换位思考，或许就能很好地解决问题。

果然，经过一年的相处和磨合，李老师班上的班级纪律好了很多，学生们也喜欢上了这个来自中国的年轻女老师，在教师节和圣诞节也会送上祝福和礼物，即便是李老师已经离任回到了中国，学生们时常还会通过社交平台问候李老师，表达想念和感激之情。这场“菲”常际遇也让李老师收获了满满的教学经验，也让她明白了教学生，课堂内容很重要，课堂管理也是教学过程不可忽视的一环。有了这次经历，她相信，在以后的教学中一定会越做越好。

案例分析

在教学过程中，各个环节都可能出现问题，在跨文化交际和人际交往的过程中，老师和学生之间也会出现摩擦和困扰，但是多观察多思考，不懂就问，都会对解决问题起到一定的帮助。在案例中，李老师及时地发现了课堂管理中存在的问题，于是她向班主任老师寻求帮助，这不仅是工作上的需要，更重要的是和其他老师交流经验，老师们才能更加了解学生们的个体差异性，更好地对症下药，力所能及地给孩子创造一个更好的学习环境。

即便在教学过程中出现了这样或那样的问题，对老师来说，它们是意外，也是惊喜。遇到新的问题，就想办法解决，即便是苦夏，也能收获果实，成功的喜悦会抚慰途中的苦楚。“熊”孩子们虽然教导起来耗费精力，但是他们天真又上进，活泼又机灵。找对方法，建立师生之间正向的情感联系，纯真的笑脸永远是老师最好的慰藉。

一个“后进生”的故事

案例类别： 教学组织与教学管理类　**地区：** 菲律宾
汉语水平： 零基础　**课型：** 综合课
对象： 菲律宾小学生　**作者：** 李杰

案例描述

托马斯是菲律宾中正学院小学国际部的一名二年级学生。中正学院根据学生汉语水平的不同将学生的中文水平从高到低分成了三个班，分别是高级班、中级班和基础班。入学时托马斯在汉语中级班，但是开学一段时间后老师发现他的汉语在中级班学起来比较吃力，跟不上课程进度。所以经由老师们综合考虑决定，将托马斯调到了基础班。

而当托马斯进入基础班之后，他的汉语老师李老师发现托马斯在上课的时候十分沉默，下课后也不爱和班上的其他同学说话，只和自己以前的一个朋友小智在一起玩耍，对整个班级都有抵触心理。

但是，随着时间的推移，他渐渐开始和小智在课上喧哗打闹，在课本上乱涂乱画，对上课的内容充耳不闻。老师在课下找他谈了好几次，他虽然答应老师改正，但是在上课期间还是忍不住和小智交头接耳，不认真听讲，时不时大声喧哗，引起班上其他同学的抱怨。当参加小组活动的时候，也并不积极，不服从组内的工作安排，组内成员对他也颇有怨言。

有一天，李老师在汉语课堂上组织了一场限时小组 PK。之前班级也做过类似的小组 PK 赛，所以同学们对 PK 赛的规则、流程都比较清楚。虽然李老师在活动开始之前重申了比赛规则，但是轮到托马斯上场的时候，他们小组还是出现了严重的失分情况。果不其然在一轮 PK 赛结束之后，他所在的小组输掉了比赛。组内的成员非常地愤懑，坚决要求托马斯下场，不想和托马斯组队。托马斯刚开始的时候非常沉默，但是随着小组成员的抗议声音越来越大，他开始和其他成员发生肢体上的冲突，教室乱成了一锅粥，好在临近下课，但是李老师的课程计划进度还是受到了一点影响。

课后，李老师安抚了号啕大哭的托马斯，并耐心地询问托马斯。哭声止住后，托马斯也打破了本来的沉默，用英语向老师慢慢地道出原委："我讨厌这个班级，大家都不喜欢我。我也不喜欢汉语，我讨厌汉语，根本不想学习汉语，我只要会说英文就好了。"

原来在托马斯转班之后，新班级的同学并没有像他所预料的那样接纳他，他感觉所有的新同学都很排挤他，不愿意和他讲话，他在新的班级里没有交到新的朋友。他回到原来的班级，他的朋友告诉他，他已经不属于这个班级了。他感觉非常孤独，幸好小智是他原来的好朋友，愿意和他说话，一起吃午餐，下课后一起和他玩耍。

"我也很讨厌老师们，他们根本就不关注我。"原来在托马斯进入班级之后，他感觉老师并没有给他足够的关注，在课堂上，他总是被忽略的那一个，他认为老师不喜欢他这个转班生，尤其是李老师也很少点他的名字回答问题。而且他的汉语水平并不好，很多时候他并不能很好地组织答案，他说："汉语真的太难了，我不想学。"

听完托马斯的控诉，李老师也深深地反省了自己，是不是在班级里给予托马斯的关注并不够。后来李老师在家长会上向托马斯的爷爷了解到，托马斯虽然生活在一个华裔家庭，但是他的父母工作非常忙，日常起居一直是由爷爷照顾的，所以他对于中国的语言和中华文化并没有很强的归属感。在校园里，他也不需要用汉语进行日常交际，久而久之，由于没有足够的机会练习汉语，汉语水平并不高。

了解到这样的情况，李老师决定要做点什么让托马斯融入整个班集体。因为托马斯是后来到这个班级的学生，李老师想要多留一点时间给托马斯适应新环境，所以在课堂并没有过多地提问他，即便托马斯没有遵守课堂纪律，李老师也没有过多地苛责他。但是，现在李老师觉得既然托马斯是这个班级的一分子，就应当一视同仁，不能让他觉得自己被排除在整个班级之外。考虑到托马斯的汉语水平，李老师还预设了几个问题给托马斯提供了课堂发言的表现机会，果然在一段时间后托马斯的课堂参与度变高了。在课下，李老师也会积极地和托马斯进行沟通，强化他的集体观念，并向他介绍班级的情况和课堂上制定的规则。在进行小组活动的时候，李老师也会多多关注托马斯的小组和托马斯个人，这既是一种监督，也是一种鼓励。渐渐地，托马斯对汉语学习不再那么抵触了，甚至会在下课后积极跑到李老师面前问问题，和班级上的其他小朋友也打成了一片，大家也逐渐接纳了新同学托马斯。

现在，托马斯在班上交到了很多新的朋友，也更愿意开口说中文了。在学期末，托马斯的中文考核成绩竟排在了班级的中上游。学期结束的最后一天，托马斯给了李老师一个大大的拥抱，用汉语跟李老师说："老师，非常谢谢您。"李老师感觉到非常开心，事实证明，托马斯之前虽然是一个汉语后进生，但是功夫不负有心人，只要调整好学习心态，肯努力，最终能取得自己理想的成绩。

案例分析

这个案例涉及教学组织与教学管理两方面的问题。一方面，教师要在课堂上有意地引导学生增强对中华文化的认同感，并增强他们在日常生活中运用汉语进行交际的意识；另一方面，在教学管理上，如果出现案例中所说的转班生情况，教师要及时地关注学生的情感变化和心理状态，避免学生产生抗拒排斥的心理。只有这样，学生才能真正地对学习产生兴趣，从而提高自己的语言水平。

让学生在课堂上优势互补

案例类别：教学组织与教学管理类　　**地区**：中国

汉语水平：初中级　　**课型**：复习课

对象：天津大学国教学院进修系学生　　**作者**：李卓怡

案例描述

在天津大学国教学院进修系担任汉语课程助教，是我研究生阶段的一次重要经历。不论是教学内容，还是教学对象，都给我留下很深刻的印象。这次课程为期半年，主要是针对有明确考试目标的学生，不过由于疫情他们大多身处海外，教学全部在线上进行。在这次直通 HSK 3 级的课程中，我主要担任复习课的主讲老师，带领学生系统回顾、梳理所学，加深印象、提高作业成绩。起初这令我犯了难，复习课上的知识点学生全都学过，怎么才能够吸引他们的学习兴趣，让已学过的知识焕发新意呢？于是我在给定课件的基础上，进行了多次翻阅、整改，给学生注入新的学习动力。随着教学对象的逐步固定，我从对教学内容的设计转入对教学对象的切身分析，他们的一言一语成为我更好地把控课堂的突破口。

因为是复习课，起初并不完全确定每堂课的学生人数，而且他们身在海外，互相之间也不认识。在课堂上我不仅要完成教学内容的讲解，还要使每个学生都有练习口语的机会、促进学生之间的交流、回答学生提出的问题。其实最初我感到有一些吃力，因为学生较多，他们的汉语水平我还要随着课程的深入慢慢了解，基本上每次上完课头都是蒙的。一堂课中我要兼顾的事情太多，也可能是我对自身要求比较高，产生了一些心理压力。期间我也求助了负责课程的晓静老师、婷婷老师，她们的支持和鼓励让我更加坚定。每次上完课便及时与她们交流进度、问题，我对自己更加自信了。随着课程的进展，学生慢慢固定，我也能够更详细地了解学生的汉语水平、学习背景、学习特点，学生之间也更加熟悉了。

出勤率最高的三位学生是 Aubin、谭一辉和穆文金，他们各有各的特点。

Aubin 汉语水平最佳，不论是课堂表现还是作业考试，很少能挑出大毛病。即使课堂上说错，他也能马上反应过来，是个低调的实力派。谭一辉在口语上不如另外两人流利标准，但他是最爱提问的学生，跟我互动比较多，课后也会主动问我要课件、教材，是个踏实的进取派。穆文金汉语水平也不错，课堂上相当活跃，比较爱表现，还善于指出其他同学的错误，或者为同学、老师做补充，但偶尔也会粗心大意，不长记性，重复犯过的错误，算是个机灵的巧学派。三位同学各有所长，在教学过程中我有意识地突出他们的优势，让其互相取长补短，教学效率明显有所提升。

比如在自由回答环节，Aubin 由于水平较高，往往只说完自己的答案就不发言了，而其他学生不管会不会，都会再自言自语一会儿。虽然我知道他掌握得很不错，但可能因为是线上授课，我很少能感受到 Aubin 的学习情绪，我与他互动交流较少。因此我会留给他一些充分表现的机会，比如角色扮演朗读课文时，Aubin 口语流利，对课文掌握熟练，让他担当第一个或者朗读内容最多的角色，能够带动其他学生更好地参与朗读。因为有些同学口语不好，如果扮演角色的两个学生口语水平都不佳，他们花在朗读上的时间、我纠音的时间就会大大延长，不利于教学任务的完成。让口语水平好的 Aubin 当“先锋”，其他学生也能够慢慢跟上他的脚步。谭一辉能发现很多细节的问题，我每次解答后都会鼓励和夸奖他，让大家以他为榜样，多提问题多交流，他的积极劲头能够影响他人专注课堂。穆文金是个思维活跃的开心果，但是过多的发言也容易打乱课堂进度。所以当我指定学生回答问题时，他就会少发言，让每个学生都有充分的练习时间。在自由回答环节时，穆文金的“横插一脚”能让课堂变得更加生动有趣，学生之间更为熟悉，课堂配合得更加紧密。

在后续的课堂中，我也坚持让学生们优势互补，每个人都充分参与，让课堂的每一分钟都发挥价值。课程结束后他们对我的肯定让我非常开心，我还会回答他们提出的问题，能看出来他们一直在兴高采烈、充满自信地向着 HSK 3 级的目标前进。

案例分析

课程起初有两个问题比较棘手：（1）复习课教学如何“翻新”；（2）教学对象的不确定性。然而随着教学的推进，教师能够逐步熟悉教学内容和教学对象，能够把握好每位学生的学习特点，并针对性地分析其优势和短处，保证在课堂上兼顾到每一位学生。由于教学经验不足、线上授课等问题，能看出来教师在把控课堂上还有很大进步空间。课堂形势一直处于变化之中，教师不仅要应对变化，还要主动把握变化。为此要在课程开始前充分理解教学内容，在课程伊始就关注学生的课堂表现，随时调整教学策略。这需要长期教学实践的沉淀。

令人头疼的出勤

案例类别： 教学组织与教学管理类	**地区：** 中国
汉语水平： 初级	**课型：** HSK 培训
对象： 多国别进修生	**作者：** 刘慧佳

案例描述

这学期我报名了进修系的助教兼职，教学对象是进修系的学生，汉语水平都是初级，所学的课程是 HSK 2 级，我的任务就是带领学生们复习课文，由于之前已经有教师讲解过生词、语法和课文，我的任务就比较简单，带领学生复习课文和生词，再解答问题，PPT 也是直接用教师制作好的，练习也是直接用课堂上教师设计的，所以省了很多功夫，可以说这项兼职省时省力，非常轻松。唯一担心的就是课程群里有 170 多名学生，且来自世界不同的国家，授课语言有些挑战，为了照顾到更多学生，我也只能用英语和简单的汉语，虽然英语已过 6 级，但是几乎没有用英语和别人对话过，于是特意学了一些简单的教学用语，以备不时之需。此外，班级群里学生众多，我从来没有面对过这么多的学生，所以也隐隐担心。

第一次上课时，快到上课时间了，竟然只有 7 名学生，虽说有 3 个助教，但是之前另 2 位助教也有十几名学生，其他人难道都迟到了？我只能一边上课一边等他们，直到课程结束，最多的时候也只有 12 名学生，期间有迟到早退的，课上秩序非常混乱。后来我在群里通知大家，可能之前是学生们没有看到消息，几乎没有人在群里回应，但有一个学生在群里请假，说他在阿富汗，因为战争无法上课，群里许多学生向他表示同情，群里一度十分热闹，但是对于课程信息却没人回复，来上课的学生数量并没有增加，也尝试过挨个通知学生，但有的学生答应得很爽快，到了上课时却不见踪影。于是我陷入了自我怀疑，是因为课程太枯燥，我讲得不好才没有学生来吗？尝试过在课程中用更风趣的语言多和学生交流，但还是没起效，和其他助教交流过后发现他们也是这种情况，老师也宽慰我们说网上授课约束力太小，况且这也不是学分课程，很多人报名了就不来了，让我们不要太担心。加上课程时间太长，持续了 5 个月左右，期间有学生流失是正常的。于是我也放宽了心，从最初的有 10 名学生来上课是胜利，到有 5 名以上学生来上课就是胜利，标准不断降低，到课程的最后每次课都是那固定的 2~3 人，不过我们的课程氛围却十分活跃，看得出这几位学生很想学好汉语，课堂上我们互动很多，而且我经常会延伸话题与他们聊天，鼓励他们用汉语表达，我们的关系不像师生更像是朋友，我们的课堂伴随着欢声笑语，每次和他们上课我都非常开心！在课程结束时，他们还表达了不舍，后来我们也经常通过微信聊天，分享彼此的生活，有一次他们和我分享通过了 HSK 3 级的消息，我打心底替他们感到高兴！

案例分析

考勤一直是非学分课程的困难之处，许多学生非常懒散，没有纪律性，看到学生来得很少，我心里也非常失落，但是也在不断开导自己，有些事无法强求，当我努力过后，也就没有遗憾了，课堂是欢迎所有人的，但是只有有兴趣、有毅力的学生才能坚持下去，强迫不感兴趣的学生上课对他们来说是痛苦的，不如多多关注愿意学汉语的学生，认真讲好课，不辜负他们的坚持。

有备无患

案例类别：教学组织与教学管理类　　**地区**：中国
汉语水平：初级　　**课型**：综合课
对象：多国别预科生　　**作者**：王永昌

案例描述

李明是天津大学汉语国际教育专业研究生，这学期他要完成实习任务——教本校预科留学生汉语。李明以前没有教过留学生汉语，只偶尔给中国的中学生辅导过语文，教学经验几乎为零。尽管如此，李明还是对为期一学期的实习生活充满了期待。

为了上好第一堂课，李明提前好几天就开始备课，需要教授的内容早已烂熟于心。李明深知对于新手汉语老师来说第一堂课极为重要，因为这决定了学生对老师的第一印象。为了活跃课堂气氛，吸引同学们的兴趣，进而给学生留下一个好印象，李明费尽了心思。李明心想，学生们都是第一次来中国学习的预科生，肯定对中国的美食比较感兴趣，给大家尝一尝中国的饺子应该是个好主意。

课程安排在下午第一节课，他早早地赶到教室，同学们还没有到。过了一会儿，陆陆续续有同学来到教室。马上就到上课时间了，可是有几位同学还没有到，李明有些着急。“叮铃铃……”上课铃响了，那几位同学还是没有到，李明急得团团转。

正在这时，有两位同学慢悠悠地闲聊着往教室这边走。李明有些生气，但毕竟是第一次见面，只能尴尬地冲他们笑了笑。两名同学大摇大摆地走进教室，好像什么事情也没有发生，走进教室之后还非常开心地和周围同学聊起了天。不一会儿，教室里说话的人越来越多，声音也越来越大，李明有些慌乱，不知道该做些什么。

过了几分钟，还有几位同学没到教室，李明心急如焚。再加上课堂秩序混乱，李明自信心大受打击，觉得自己根本就不适合教学。李明本不想再等他们了，直接开始上课，但是一来班上一共就只有十几个同学，二来怕影响与那几位同学的关系，所以决定再等等看。

过了一会儿，这几位同学终于拎着头盔跑进了教室，连连向李明道歉。原来，这几个同学住在校外，路上堵车了，到学校之后又因为不熟悉环境而耽误了一些时间。这种情况李明也无可奈何。

终于上课了，李明像预想的那样引入话题，同学们听得津津有味。说到中国特色美食的时候，李明把事先准备好的饺子拿出来给大家品尝。前几位同学都连连称赞，但是到后面几个同学的时候，他们似乎不太愿意吃。李明突然意识到自己犯了一个大错，根本没有考虑到这些学生宗教禁忌的问题。李明内心懊恼不已，只好尴尬地走开了。

经过这么一遭，李明受到了不小的打击，情绪十分低落，原本烂熟于心的内容也讲得很一般。

回到宿舍后，李明和舍友交流起各自的经历。与他正好相反，舍友小刚的第一堂课十分顺利，整个人也更有信心了。李明向小刚请教经验。原来，小刚已经提前把班上同学的情况都了解清楚了，同学们来自什么国家、有什么文化背景、讲什么语言都一清二楚，还提前建了微信群，提醒大家上课的地点和时间，同学们没有一人迟到。

案例分析

与同学交流过后，李明深刻反思了自己的教学行为，发现自己的主要问题在于课堂准备不足。在课堂中，老师的角色十分关键，不仅负责教学，还要课堂管理，这就要求老师对学生有全面的了解，更何况教学对象是来自天南海北的留学生。尽管自己对讲课的内容非常熟悉，并且提前来到教室做准备，但对学生情况完全不了解的话，教学效果还是很难保证的。教学是一件系统而综合的工作，不单单是准备授课内容那么简单。此外，针对留学生的教学还具有自身的特点，涉及文化背景、语言、禁忌等诸多问题。以案例中的穆斯林学生为例，如果未对学生的宗教禁忌有充分了解，就很有可能酿成教学事故。李明对学生的文化背景缺乏了解，缺乏跨文化交际能力，再加上没有教学经验，导致了第一堂课的失败。总之，对外汉语教师在上课之前应该做好充分而全面的准备，并提醒同学们相关注意事项，新手教师在教第一堂课的时候更应如此。

第一次当老师

案例类别：教学组织与教学管理类　　**地区：**朝鲜
汉语水平：零基础　　**课型：**综合课
对象：有工作的中青年　　**作者：**洪哲（朝鲜）

案例描述

李文赫是平壤外国语大学一年级的硕士研究生，他的专业是汉语。除了学习以外，他还去人民大学习堂当职外讲师。文赫想当平壤外国语大学的汉语教师，所以他想要积累教学经验。因为人民大学习堂里有一年制汉语教育课程，所以他就来到这里当汉语老师。大学里星期一到星期五上午有课，所以文赫选择了下午班。因为他没有教学经验，所以不直接上讲台教学生，只是先听别的教师的课，学习他们的教学方法。文赫要教的学生年龄大概在 25 岁到 40 岁之间，是有工作的人，最年轻的也比他大 3 岁。所以他觉得自己太年轻而没有自信当他们的老师。过了一个月左右，文赫开始上课，他的班里有 23 名学生，都比他年龄大。在这样的情况下，文赫鼓起勇气上第一天的课。学生都是零基础的刚开始学汉语的学生，所以文赫用自己学习汉语的方式来教他们。可是学生们学得都不那么认真，跟读时也只有一部分学生，而且声音很小。文赫没有对学生们的行为提出批评，也没有对学生的发音错误进行纠正，只是按照自己的方式上课。

这样过了几天以后，主任教师来了解文赫上课的情况。文赫告诉他学生们不那么认真。主任听了他的话以后问他为什么不给学生纠正，文赫说因为他们都比自己年龄大，给他们纠正的话会让他觉得不好意思。主任听了以后说："你是老师，他们是学生。他们都是来学习汉语的，可是因为你没教好他们，他们就白来上你的课了。当老师的应该给学生传授正确的知识，要不然还需要老师吗？自学就好了。"听了主任的话以后文赫反思了自己的做法。

第二天上课时，文赫当面对读错的学生进行纠正。虽然文赫下了决心但还觉得有点儿怕，但是被纠正的学生竟然没说别的反而很听他的话。所有的学生都接受了文赫的纠正并且很高兴地跟着他练习发音。

下课以后，第一个被纠错的学生来找文赫。他说：“老师对不起，以前我故意不跟你读书，因为你太年轻，我想逗你玩儿。可是你当时不批评我，而且也不纠正别的同学的错误，所以我一直没改正我的错误。今天虽然你指出了我的错误，但是我心里很高兴，只是觉得对不起你。我一个快到 40 岁的中年人想逗一位 20 岁出头的年轻人，太丢脸了，所以今天我来向你道歉。”

听了这位学生的话，文赫告诉他：“不用道歉，其实这都是我的错误，要是我早就给您纠正，这样的事情就不会发生了。我是个老师，不及时给学生纠正错误是我的问题。”两个人相互道歉，最后成为了朋友。

案例分析

李文赫是个比较内向的人，但是他想当大学的教师。要想实现自己的目标，他需要改变自己的性格。在这个案例里，因为他腼腆而不自信，没有很好地完成教学任务，学生们也没有得到进步。这样的情况下，文赫见主任的时候告诉他学生们不认真，主任听了文赫的话以后就知道了文赫的问题所在并告诉他要纠正学生的错误。因为一个不给学生纠正错误的老师不会成为一个好老师。汉语教学的过程中最初的学习阶段是很重要的，没有好的基础就会影响以后的学习。老师的任务是给学生们传授知识，他们的作用是很重要的，特别是语言老师。要是老师有不正确的发音或语法，学生们都会跟着老师而习惯于这样的发音和语法。这是语言教学中的大忌讳。纠正学生的错误是老师应该做的事，对学生的错误进行纠正，学生才知道自己错在哪里，对的是什么。这个教学案例说明老师是课堂的主导，老师的作用是很重要的。

马兰老师的第一堂课

案例类别： 教学组织与教学管理类　　**地区：** 越南
汉语水平： 初级　　**课型：** 会话课
对象： 越南青年学生　　**作者：** 黎陲玲（越南）

案例描述

在学习中文的过程中，我有机会和很多中文老师一起学习。在教我中文的老师中，给我留下深刻印象的是一位来自中国的马兰老师。

2018 年，我报名到我住所附近（越南，高平省）的汉语培训中心学习汉语。这个培训中心是由高平省一些优秀的汉语教师创办的，吸引了很多热爱汉语的年轻人来学习，因为这里有中国老师任教，教学质量相当不错。我们高平省和中国广西接壤，所以大多数来这个中心任教的中国老师都是来自广西的。

我们初级汉语班有 20 个学生，大部分是 18~25 岁的学生，有一半是男生，他们都很调皮。因为我们班的口语老师辞职了，所以马兰老师被指派到我们班教口语课。她很年轻，看起来只有 25 岁左右，刚从大学毕业。听说，她跟一个越南人结婚了，他们夫妻都住在高平市，因此，她决定来我们的培训中心工作。她的越南语非常好，不比我们本地人差。

那天马老师第一天上班，也是她的第一堂课。她身穿黑色西装，染成粉色的短发和化得很浓的妆让她看起来像是一位时尚的韩国偶像。马老师身上散发出的浓烈香水味让不少学生用手捂住鼻子，有的还捂着嘴笑了起来。马老师见状一头雾水，尴尬地用越南语自我介绍，然后赶紧开始讲课。可能是因为她的粉色头发和化妆风格有点怪异，所以在幻灯片灯光下显得很抢眼，很活泼，但仍然不能吸引学生的注意力。一些调皮的男生吹着口哨，评论马老师的长相。讲台上的马老师没有理会，仿佛没有听到他们说的话，只是专心讲课，不过，她的神色却是相当紧张。

虽然这是口语课，但大多只是她自己在讲，偶尔叫一两个学生回答问题，所以我们觉得她的课很无聊。原本吵闹的课堂变得更加嘈杂。第一节课上完 45 分钟后，我们休息了 15 分钟。学生们聚集在教室的前厅，一起讨论着马老师。一位同学说："我不喜欢马老师，我听不懂她在教什么。"另一位同学说："我看老师上课，就像是在看时装秀。""口语课根本没有练习，老师的教学方式让我感到无聊。"当同学们转身进入教室时，他们看到老师就站在旁边。马老师什么也没说，一脸的悲伤，似乎听到了刚才学生们对她的讨论。

在第二节课时，她让学生们回答了更多的问题，有了更多的互动，但她看起来还是不高兴和疲惫。在讲台下，有的同学睡着了，有的同学在玩游戏，有的同学在忙着说话，甚至没有回答马老师的问题。王同学是我们班最调皮的男生，他戴着耳机，一边随着音乐摇摆一边唱歌。马老师叫他回答问题，但他没有听到老师的声音，仍然全神贯注看着手机唱歌。坐在旁边的同学把耳机从他的耳边拿了下来，他才发现是马老师在叫他。他瞪大眼睛看着马老师，说："你叫我回答问题？我不知道该怎么回答因为你讲什么我都听不懂。我根本对你的课不感兴趣。"马老师的脸开始涨红，她直视王同学，大声说："如果你不喜欢听我讲课，你可以离开教室，以免影响到其他同学。"嘈杂的教室顿时鸦雀无声，沉重的气氛笼罩了整个教室。王同学面色平静，笑着走出教室。出门前，他扭头看了马老师一眼，说："当老师不适合你。"

这时候，马老师已经无法镇定了，泪水在她的眼眶里打转。班长给了她一张纸巾，代表全班向她道歉，希望她能冷静下来继续讲课。她什么也没说，只是哭了。5 分钟慢慢过去，距离下课还有 20 分钟。这时候全班鸦雀无声，大家面面相觑，再看看马老师，她收好桌上的教程后，她对全班同学说："你们可以下课了。"然后出乎所有人意料地走出了教室，那天之后，我们再也没有看到马老师来上课了。

案例分析

通过以上故事，可以看出马兰老师的第一堂课失败了。导致失败的两个因素是学生和教师的不规范行为。学生犯了这样的错误：在课堂上评论老师的长相，不尊重老师，贬低老师，不专心听课。王同学在全班同学面前贬低马老师的行为是不尊重和不礼貌的。马兰是一位年轻的教师，既缺乏教学经验，又缺乏处理课堂教学秩序的经验。她的疏忽导致了上述的情况发生，她对自己的形象没有做好充分的准备，也没有为第一堂课做好心理准备。

越南是东南亚的发展中国家，虽然像我们这样的年轻一代容易接受和喜爱时尚，但是马老师的头发和妆容在我们的眼里不太符合传统老师的形象。因此，她的外表给人一种“怪诞”的感觉，从而分散了学生在课堂上的注意力。这也让马老师在开课时缺乏信心，从而在教学过程中对学生的心理感受产生了负面影响。

关于教学技能：虽然马老师的PPT准备得很好，但课堂上缺乏与学生们的互动，学习口语需要学生与老师进行大量互动。教学使学生感到乏味，没有引起学生的学习兴趣。由此，我们可以推测，是因为马老师没有好好准备教案，或者她从一开始就缺乏信心，所以无法按照教案上课。其实，如果教案准备充分，课堂管理能力也好，马老师可以利用课堂互动活动来吸引学生的注意力。

关于课堂管理技能：这是一项在课堂上极其重要的技能，但马老师在这方面失败了。在去教室上课之前，马老师应该先了解一下班上学生的情况。对于有顽皮学生的班级，教师应该从第一节课开始就采取严格的态度并制定课堂规则。同时，当学生在课堂上出现不端正的学习态度和行为时，教师应具备稳定的心态，及时纠正学生的不当行为。

马老师无法稳定课堂秩序，无法控制课堂。她因为王同学不对的行为就把他赶出教室，未到下课时间就停止讲课，让学生下课。这样的行为缺乏专业性，她选择解决问题的方式只是基于她个人的愤怒，完全没有老师对学生的责任感。马老师最大的缺点就是无法控制自己的情绪，心态不稳定，没有办法维持课堂秩序，不能树立严师的形象。

背地里议论老师，似乎是学生的通病。这个老师帅或漂亮，那个老师不好看，这个老师穿得很时髦等，老师的“特色”成为学生无时无刻不在讨论的话题。像马老师这样的年轻教师应该有心理准备，不需要太在意。但是，老师一定要注意自己的服装、发型和化妆风格，听到学生背地里议论自己的外表、诋毁自己的教学方法时，要倾听学生的意见，重新审视自己是否正确，做出合理的调整。在学校里，要穿着端庄、有礼貌、干净、整洁、素雅，以免给他人留下不好的印象。

解决问题的方案：面对故事中马兰老师这样的情况，老师需要保持冷静，倾听和理解学生。她将王同学赶出教室，在学生面前哭泣，这让她在学生眼中的印象更差，失去了老师应有的尊严。马老师应该谢谢他的意见，问王同学和其他同学哪里不明白，自己再讲解。对于想要改进教学方法的年轻教师来说，开放的态度是必不可少的。

马老师应该温和而坦率地解决问题，她可以对学生说：“首先，如果我有很多地方没有让你们真正满意，我深表歉意。如你所知，我还是一名年轻的老师，刚从大学毕业没多久，所以我的教学经验还很不足，而且我是外国人。所以，我的教学方式，肯定会有一些不恰当的地方。我希望你们能理解我，给我一些建议，帮助我，让我改变。你们有权坦率地表达自己的想法，我非常重视你们的意见。”接下来，老师可以给学生一些时间认真思考这个问题，然后请学生发表自己的意见。最后，老师应该感谢同学们的意见，并承诺会根据同学们的意见做出调整，鼓励同学们努力学习，同时提醒同学们以后有问题，可以直接与老师沟通。

如果能进行真诚的交谈，学生们一定会更加钦佩这位老师，因为这不仅体现了年轻老师的本领，更展现了她的开放、进取，表现出她认真努力的态度。

在华文小学学习华语的非华裔小学生

案例类别：教学组织与教学管理类　　**地区**：马来西亚
汉语水平：初级　　**课型**：综合课
对象：马来西亚华文小学非华裔一年级生（马来裔、印度裔）　　**作者**：冯礼慈（马来西亚）

案例描述

冯老师是华侨大学文学院汉语言文学系的本科学生，由于新冠肺炎疫情期间无法返校，所以她在马来西亚实习。经友人介绍，她在一家课后补习中心担任华文小学一年级至三年级的汉语补习老师，上课的教材由补习中心提供，老师只需要根据补习中心提供的教材备课即可。马来西亚的华文小学除了华人学生，也会有其他国家的学生报名，补习中心也一样。当时冯老师带的一年级华文班上就有两名马来裔学生和一名印度裔学生，其中一位马来裔男生，名叫法依兹，他比较开朗、调皮，即使在陌生的语言环境下也不会感到害怕。另外一位马来裔男生，名叫戴恩，他和印度裔女生哈丝妮就比较内向，尤其是印度裔女生，本来就比较害羞，加上陌生的语言环境她就更不敢发言了。

冯老师除了授课，还要在开始上课前检查同学们在学校的作业，以确保每一位学生去学校前都完成了学校老师布置的作业。也就是说，除了汉语课作业，其他科目的作业冯老师也必须辅导检查。华文小学的课程除了马来文和英文这两个科目，其余的科目如数学和科学皆是以汉语为教学媒介语，所以冯老师也可以通过辅导作业观察学生们的汉语学习情况。

戴恩的话不多，但是课上面对老师的提问，他都能用简短的汉语回答，且回答正确，所以冯老师一直认为他在学习汉语这方面除了学得慢一些以外没有别的问题。直到有一天早上，她检查戴恩的数学作业，发现戴恩有两页没有作答，冯老师只好一题一题地教他。作业的内容是学生要认识各种几何图形，如圆柱体、正方体、长方体、圆锥体等，把图片和形状的名称搭配在一起。冯老师坐在戴恩旁边，一个一个问，她发现戴恩完全认得所有形状，且能把每个形状跟相符的汉字搭配在一起。但当冯老师问他怎么读时，戴恩摇摇头，显然他已经记得了字形和字义，唯独记不住发音，再加上这些字的笔画多，他就更加记不住了。这是冯老师第一次发现戴恩的问题。

冯老师想到，马来语跟汉语的拼音有相似的地方，尽管戴恩刚上一年级，刚接触汉语、汉字和汉语拼音，但只要把汉语拼音标上，尽管他不能百分之百读准确，至少不会马上忘记某个字的读音。于是冯老师让戴恩在不会读的汉字上标上汉语拼音，这样他就能在老师多读几遍后记下，自己在复习的时候也能利用汉语拼音帮助自己。果然，这个方法对戴恩是有效的，他不再那么容易忘记汉字的读音，在完成功课方面也顺利了许多。

另外，冯老师在完成每一堂课的教学内容后就会拿出自备的练字本，分发孩子们练习写字。因为他们还小，冯老师希望他们从小就能养成好好写字，耐心写字的好习惯。冯老师准备的生字、生词都是课上学习过的汉字，例如太阳、蓝天、爸爸、妈妈、植物、蝴蝶等，这些生词都是一年级学生学习过的，学校老师教过，冯老师的补习课堂也复习过许多遍。冯老师的目的只是培养学生们认真看字，认真写字的习惯。所以冯老师还特意强调，同学们无须求快，写不完没有关系，只需要认认真真一笔一画地写，把字写好。尤其要记住每个字的笔画顺序，看清楚了再下笔，不许写错字。每堂华文补习课下课前十分钟就是同学们的练字时间，下课的时候冯老师会把练字纸收回来，下一次再让他们继续练习。

冯老师在检查练字纸的时候发现，除了一两位粗心大意的华裔学生，几乎没有同学写错字，唯独那三位非华裔生，没有一个字是对的。冯老师以为他们没听懂，于是下一次课上她再次强调要看清楚字后再下笔，并且慢慢写，一笔一画地写。冯老师还在白板上做示范，何谓“一笔一画”，没想到情况还是没有改善。下一次的练字时间，冯老师特意走到这三位非华裔生身旁查看，她才发现原来他们并非不认真，而是他们不懂汉字的构造。他们太小，又是第一次接触汉语、汉字，不像其他华裔生那样从小就学习。所以他们不懂汉字的字形，笔画太多、结构比较复杂的汉字，例如“植物”“蝴蝶”，他们是很难写出来的。他们是看着汉字“画”出来，再东补一点、西补一点。比如“日”这个字，他们会先画出一个长方形，再在长方形里画上一横。

那次以后，冯老师深刻反省自己的失误，并特意为这三位非华裔生准备更适合他们的练字的字。他们练字都从最基础的开始，如“一、二、三、四”，且注重笔画顺序的比较多。冯老师认为必须先让他们练好笔顺，把简单的字记熟，才能练习笔画比较多的字。自此之后，这三位非华裔生在练字时不再那么苦恼，也能顺利完成任务，提高了自己学习汉语的自信。

案例分析

冯老师当时缺乏汉语国际教育的意识，在马来西亚长大的她身边有不少非华裔但会说汉语的朋友，他们也是从小学才开始学习汉语的。冯老师见他们能把汉语说得那么流利，就忽略了其他非华裔生在学习汉语时会面对的问题。她较少站在学生的角度思考，尤其是非华裔学生，他们并非一出生就接触汉语，所以跟华裔学生有一定的差距。他们年纪小，第一次接触汉语就进入了以汉语为教学媒介语的华文小学，这本就给他们学习汉语增加了难度，老师不应该理所当然地觉得他们能在目的语环境下习得汉语，而是应该多多关注他们，随时给予帮助。虽然课堂上不能为了他们拖慢学习进度，但是课后老师必须多关注他们的学习情况，才能及时发现他们的学习难点，帮助他们打好基础。老师需要多多站在学生的角度思考，再设计教学内容。

线上教学管理篇

课程群里的冷淡

案例类别：线上教学管理类　　**地区**：中国
汉语水平：初级　　**课型**：写作课
对象：汉语言本科三年级留学生　　**作者**：李佳悦

案例描述

我是在校汉硕研究生，在校期间利用课余时间在天津大学国际教育学院给汉语言本科生代汉语写作课，负责的这个班级共有 16 个来自不同国家的留学生，因为新冠肺炎疫情原因全部都留在自己的国家上网课。我和另一个班级负责写作课的老师商议决定，因为教学对象存在时区差异大、所在地区网络不稳定等问题，所以决定将这节课改为录播课，即任课老师录制完课程视频之后，上传到 T 平台上，学生在规定时间内完成学习。原以为这会是一件非常顺利的事情，但还是出现了各种各样的问题。

第一次上课我先上了一节直播课，和同学们相互认识，介绍课程内容和要求，有些同学没有来上直播课，我便将录制好的视频传到 T 平台，要求其余学生观看。我会在课程开课前一晚将录制好的课程视频上传到 T 平台，学生需要在下一节课开始之前完成课程视频的观看学习，否则就会被认定为缺勤。第一周之后，学生的观看率很高，只有 3~4 名学生没有完成，我没有记录缺勤，在课程群里进行提醒。5~6 周之后，这 3~4 名学生依旧没有完成视频的观看学习，甚至没有按时完成作业。我首先去咨询了口语课负责老师，原来是其中一名学生已经退学，但其他同学是什么情况呢？口语课老师说这几个没有按时完成写作课学习任务的同学在口语课上表现也不好，经常缺席直播课程。我又通过微信私聊这些同学，了解他们的情况，但短时间内都没有收到回复。大约一周后，教务老师给我发来了消息，有一位同学在休病假，如果补看视频的话需要补出勤记录，其他两位同学已休学。既然学生可以补看课程视频，我在后来的课程中便没有严格要求学生观看课程视频的时间，只是在微信群里进行通知。如果有学生多次没有完成观看，我会第一时间向教务老师询问学生情况。

和观看课程视频相同，学生需要通过T平台进行期中和期末考试。因为学生们来自于不同的国家，处于不同的时区，且有些学生所在地区存在网络不稳定的问题，所以老师需要统计所有学生合适的时间段进行考试。我先通过学生的国籍来统计学生的合适时间，之后便平台上建立考试。在课程群里发布考试时间的统计投票之后，依旧有几个学生没有回复。我便将投票链接私发给各个同学，在当晚依旧没有回复的，便给他们拨打语音电话进行提醒，虽然没有人接，但挂断之后，所有同学都完成了统计。在期中考试之后，学生们在群里“吐槽”试题，觉得试题难度大，我在群里安抚大家，并就考试开启了一轮讨论，这才掀起了这个课程群建立以来的第一个聊天高潮。之后，在发布期末考试通知的时候，我也采取了私发消息进行统计的方法。

案例分析

此案例体现了老师对学生的耐心和细心，但也体现了经验不足的问题。我在课程群里发布通知，在要求回复的时候，学生们依旧不能及时回复甚至是不回复，侧面反映了我没有和学生形成良性的师生关系。教师是教学的主导，而因为录播课的缘故，我忽视了和学生之间关系的建立，没有主动积极地和学生交流，导致学生无法或者不愿和老师交流沟通，从而影响了教学进程和工作效率。我应该主动积极地解决教学中出现的问题，主动和学生进行交流，了解学生的问题。

此外，老师在学生面前缺乏威信。在第一次直播课的时候，部分学生没有出席直播课，我只是将录制视频传到教学平台，提醒学生观看，而没有和未出席课程的学生进行有效沟通，了解他们的情况，这也导致后来这些学生未及时观看课程视频和回复课程通知。

被高估的学习者

案例类别：线上教学管理类	**地区：**中国
汉语水平：中级	**课型：**写作课
对象：本科三年级留学生	**作者：**梁东

案例描述

我所带的班级是商务汉语写作课线上班，由于缺乏线下的交流环境，不能从学生的表情和提问中了解他们的学习程度，因此常常出现误判。在第一次的直播课程中，学生进行了自我介绍，大多数学生通过了 HSK 5 级，发音也还不错，我想他们的水平一定不低了，将教材发给同学们后，我以为他们能够看懂，但是后来才发现我高估了学生的水平，我不清楚他们在课下是否查看了教材。我只是通过作业情况了解他们的写作水平，不足之处在于对字数的把控不够准确，两道写作题目，第一道题目要求 120 字，第二道题目要求 250 字，学生在写作时，往往不能精简字数，使用特定、简短的表达，因此文章常常冗余，字数多于题目要求。在正式考试中，这很可能导致第二道写作题目没有足够的答题空间。另外，同学们的命名方式也是各不相同，即便统一了格式，也不能完全按照格式的要求提交作业。

我从什么时候发现学生被高估了呢？一次是期中考试，由于是开卷考试，本以为学生们的成绩不会太差，但是最终的结果却是“打脸”，有的同学甚至不及格。我当时就在考虑，开卷考试怎么会这样呢？我想可能是没有掌握文中词的意思，我在之后的课程中，更加重视了对文章、词语意思的解读，但是到了学期末的时候我才发现，学生可能不仅不懂一些词的意思，对教材也不熟悉，在期末考试前，我尝试开了一次直播课，希望对学生的期末考试进行解释，经过这次详细的解释，才发现学生对教材缺乏了解，教材中先是对某个写作类型进行解释，展示样题，之后会有题目分析，给出特定表达。之后是一个高分作答和一个低分作答，并给出了得分理由，让学生尽量避免低分作答，最后一部分是整课的生词。之前我留过一个使用特定表达造句的作业，同学们都完成得不错，我以为没有什么问题，但是现在让我大跌眼镜，可能同学们根本就没有查看过教材，只是从 PPT 中完成作业罢了。同学们问："老师，特定表达是哪里？"我才意识到问题所在，于是特意共享了屏幕，为同学们指出所在位置。这让我意识到，可能自己在布置作业时，说得仍旧不够详细，单纯地将作业和要求告诉学生，这种布置作业的方法并不够，可能需要通过图文并茂的形式，才能让学生真正明白。

案例分析

同学们的反应让人匪夷所思，是自己的教学不到位吗？还是语速问题？还是高估学生了？在教学中，除需要注意自己的语速外，更需要考虑学生可能不懂的地方，提前预测，在课堂中详细解释。线上课程的同学们，在自己国家做什么我们不得而知，但是在学业上肯定要比在学校松懈不少。线上课程给了学生极大的自由，同时也给了他们散漫的机会。

尽管同学们添加了老师的微信，询问学业上的问题的还是比较少的，微信群内也不过是老师的"独奏"，至于学生没能掌握教材中的模块，我认为，直接以图片的形式将教材搬到 PPT 上可能是一种解决措施，教师带领学生来学习，可以通过口述或者在 PPT 上展示的形式为学生讲授。对待学生不能够想当然，要进一步加深了解，了解他们的学习情况、国家情况。

备学生、备教材，对线上课程提出了新的要求，教师应注意在课堂中的语言，不能晦涩难懂，要使用最简便的话语来提出要求，如果不是面对面地交流，要尽可能图文并茂，详细一些，注意 PPT 中的错别字，避免让学生产生误会，在授课期间能够穿插直播，交替进行，以便对学生有更多的了解。根据学生的反馈及时调整自己的授课方式，有针对性地解决学生的困难，提高学生的学习效果。

线上听力教学效果问题

案例类别：线上教学管理类	**地区：**全球
汉语水平：中级	**课型：**听力课
对象：本科二年级留学生	**作者：**刘津

案例描述

由于新冠疫情的影响，从 2020 年起本科对外汉语的课程改为线上教学。线上教学对于所有的学科来说都是一种全新的挑战，对于对外汉语听力教学来说，更是一种极大的挑战。听力教学是对外汉语教学中的重要组成部分，讲好汉语听力课需要与学生进行大量的互动，通过与学生们的沟通来了解学生们的学习效果。

一开始进行线上教学的时候，只是通过循环放录像、讲解题目的方式进行教学，学生们表面上没有什么问题，每节课都显示已经听了，考勤也基本全勤，而且留的作业也都完成了。但是在期中考试的时候成绩并不是很理想，很多讲解过的词汇还是不了解、易混淆，甚至有些讲过的题目也都无法正确选择或者正确回答。这不是个别现象，而是整个班级的现象。随后，我找了一些学生进行沟通，在他们看来，看视频很容易走神，尤其是听力视频很容易让人感到枯燥乏味，而且为了追求看视频的速度，在听的过程中，就缺少了自己主动思考的过程，导致很快就会忘记学过的知识。

这个时候，我才意识到没有与学生的互动与沟通，光靠单方面的讲解无法让学生们集中精神去学习，从而达到一个理想的学习效果。所以在请教了老教师后，我决定改变教学模式，通过线上直播录播加翻转课堂的模式来调动学生学习的主动性，提高学生的学习效果。具体模式如下：首先，通过录播的方式讲解每一课的生词，并让学生在观看完成后提交自己对生词理解的笔记；其次，让学生们先自己做后面听力的题目，把答案发给我，然后根据学生们的答题情况增加直播课，对题目进行讲解，并就学生们的问题实时进行回答；最后，每课结束时适当增加一些练习和听写，来巩固学生们的学习成果。

通过这样的改变，学生们的学习效果有了一定的提高，学生们也变得爱问问题，爱去思考了，在最后的期末考试中也取得了不错的成绩，比较圆满地解决了线上教学效果的问题。

案例分析

对外汉语听力教学本身就是一个比较枯燥的课程，但又是对外汉语教学中不可忽视的一部分，线上听力教学更是如此。那么如何集中学生们的注意力，提高学生们的课堂学习效果，就是线上听力教学的难点问题。学生都是会有一些惰性的，所以调整教学过程及教学管理模式非常有必要。首先要让学生了解本课的内容，通过视频进行讲解；其次，要让学生成为课堂的主人，那就需要通过翻转课堂的模式，让学生自己先做题，先思考，自己去解决问题，然后再去听老师的讲解，形成主动思考、主动学习、主动解决问题的过程；最后，为了了解学生们的学习情况和效果，再进行一些听力或小测验，来达到复习的效果。总之，这是我对线上听力教学组织和管理的一点思路。为了让学生们更好地进行线上学习，还需要进行更多的探索和研究。

线上教学烦恼多

案例类别： 线上教学管理类	**地区：** 中国
汉语水平： 中级	**课型：** 写作课
对象： 本科三年级留学生	**作者：** 梁东

案例描述

初次带班的我最近遇到了一些困惑，我所带的是为商务汉语写作课程，班级里有来自马来西亚、泰国、吉尔吉斯斯坦、塔吉克斯坦等国家的 17 名同学，由于新冠肺炎疫情的影响，留学生不能在中国的课堂进行学习，因此只能选择线上课程，线上课程具有一定的优势，可以反复多次观看、不受时空限制等，但是也有一定的劣势，这其中就要考虑到学习者的时差问题、网络问题，由于要照顾一些同学，因此选择了录播课程，但是效果不甚理想，如何让学生完成听课任务就是一大难题。

录播课便利了老师和同学，但是问题也随之而来，开学之初曾经尝试过一节直播课程，其中一位同学让我印象深刻，在下课前我们还在交流，这次谈话让我知道了他的汉语水平，他已经通过了 HSK 5 级。我觉得这个同学不错，性格挺好，汉语也不错，谁承想在后面的学习中，意外来了，录播课程上传完成后，唯独这位同学没有完成课程任务。由于我在课程最后没有布置作业，一般都会在微信群再布置一次，大部分学生都能够按时通过邮箱提交作业，但是这位学生并没有提交过，在课程系统中提醒过以后，仍旧没有收到回复。几次过后，我在微信上提醒了他，他表明会提交的，可是最后还是没有提交。

后来我找到他的班主任老师，让班主任老师与他进行了沟通，这才勉强完成了系统中的课程，但还是没有提交过作业。期中考试，一开始没有想到会有人不考试，就只出了一套试题，最后发现这名学生没有参加考试，于是又给了他第二次考试机会，但是成绩依旧不理想。

到了期末，我便一直催促这位学生完成学习任务，不然没有成绩。学生不交作业我能理解，可能对于写作课，同学们多少会有些不情愿，同时又是线上授课，更会有很多同学不认真完成作业了。但是我还是一直在问他要作业。事情是怎么解决的呢？在最后的时候，我通过微信给他打语音电话，跟他讲：“当时我觉得你还挺不错的，怎么会是不交作业的同学呢？”他这才把作业交了。

完全让学生自学不太可能，线上教学少了很多约束，对于班级的管控和一些制度上的措施还不够完善，授课过程中老师要尽量放慢语速，且要多次强调，学生水平参差不齐，相互之间也缺少交流，沟通不畅问题较为明显。

案例分析

线上授课，首先不能面对面交流，缺少互动，这使一些学生感觉不像是留学。其次是作业问题，在授课过程中，一定要把作业布置好，给留学生讲明白要怎么完成，包括命名方式。另外也需要考虑其他国家的网络原因和软件使用问题，否则可能有失联的风险。微信（Wechat）在一些国家需要加速器才能打开，这会让学生错过许多消息。一些国家的年轻人也是通过手机社交，但是与我们所用的软件多有不同，这就需要教师考虑消息传递的及时性，由于线上教学互动较少，学生的学习情况也是需要关注的。

线上授课如何以学生为中心，也是值得深思的问题，怎么让枯燥的写作变得不那么生硬，让学生能够在学习过后有所思考，写出一篇合格的文章。学生写作的难点在哪儿？从作业情况来看，格式问题还是会有，尽管在课上一再强调，但是学生有时候还是会遗漏部分内容，对于文章中特定表达的理解也是一个方面，有的学生语法出错，无法理解特定表达的意思。只有充分了解学生的学习情况，针对具体存在的学习问题找到合适的教学方法，才能从根本上提高学生的学习效果。

克服新手教师的焦虑

案例类别： 线上教学管理类	**地区：** 中国
汉语水平： 高级	**课型：** 商务汉语口语
对象： 多国别本科生	**作者：** 刘慧佳

案例描述

作为一名汉语国际教育专业的研究生，受新冠肺炎疫情影响，我既没有出国担任过汉语教学志愿者，也没有在学院以实习的形式真正地走上课堂给留学生上过课，虽然学习过很多理论，也在学院活动中接触过外国人，但是给留学生上课却是从来没有体验过的。直到研二才有机会给本科生代课，负责高级商务汉语口语课，采用的是远程教学的形式。由于缺少经验，在备课时十分焦虑，一是没有给留学生上课的经验，二是没有线上授课的经验，网络、设备、授课形式都需要认真思考，不过好在学生们的汉语水平都比较高，普遍通过了 HSK 4 级，所以就避免了语言障碍，而且可以在宿舍上课，避免了通勤的烦恼。于是带着既紧张又兴奋的心情，我开启了网络教学的新技术学习历程，开始了一学期的汉语课。

好在平常有过线上上课的经验，即以学生的身份进行线上学习，所以在进行软件选择时，毫不犹豫地选择了 T 平台，熟悉的软件可以避免许多失误，出现问题时处理起来也更得心应手。为了避免网络、设备出现问题，我每次上课都用两个设备，一个是电脑一个是 iPad，电脑用来共享桌面，播放 PPT，进行讲课，iPad 则用来考勤，观察学生的上课状态，iPad 的界面向右划可以看到每个人的头像，这样大家打开摄像头时，我就可以同时看到每一位学生的表情和学习状态，方便提问。第二台设备的另一个重要性在于可以以学生的视角观察电脑所展示的状态，比如 PPT 共享是否有问题，PPT 的设计是否存在问题，如字体大小、页面设计等。在确定好设备以后，关于上课场地却犯难起来，我们的上课时间是下午 1：30，在没课的时候舍友们这时一般还在午睡，如果在宿舍上课可能会吵到大家，大家在宿舍的活动也会影响我上课。在考虑了图书馆、自习室、走廊等地方后，发现没有地方能允许我持续上一个半小时的课程，在外面的干扰会更大，而且在公共场所声情并茂地讲课我会更紧张，于是考虑再三，我还是决定在宿舍上课，舍友们也很通情达理，因为一周只有一次课，所以他们可以减少午休时间，并且保证在我上课期间一定会保持安静，不影响上课。我非常感谢大家的理解。在解决了外部问题之后，还有更重要的内部问题，即课程内容本身——应该如何备课？

首先，我先向其他有经验的老师、同学寻求帮助，负责口语课的老师还有教务老师都非常热情地跟我分享他们多年的口语教学经验，告诉我要抓住口语课的本质，要让学生多练习，自己讲解的内容可以少，设计的练习要丰富一些，多贴合生活实际，不要简单停留在课本，让学生多学习有用的知识。上课一定要打开摄像头，远程教学本来就见不到对方，加上时差问题有的学生是早晨，有的学生可能刚吃过中午饭正是犯困的时候，打开摄像头能起到监督的作用。这些宝贵的意见保证了我这一整个学期的课程顺利进行。在制作 PPT 和设计教学内容时我又向有过海外任教经验的同学请教，她给我看了自己设计的 PPT，并且分享了课程录音，可以在课上多给学生展示标准录音，以她提供的材料为标准，我根据课文内容认真制作了 PPT，并且考虑到许多学生没有课本，我又在网上买了正版的教材电子书发给同学们，方便他们预习。由于教师们有一个专门的微信群，上课前会分享链接方便督导组检查，所以我也在上课前，点击链接进入其他老师的课程观察他们如何上课，怎样设计教学环节，说些什么样的教师用语。在做完这些准备后，我还给自己定下备课三原则：（1）不能笼统，要根据自己的具体教学任务；（2）为了方便理解，课件要做成图文并茂的形式；（3）为了方便不同汉语水平的学生理解，课件要做成中英双语。在第一次上课前，我提前一小时就打开课件，检查有没有错误，并且找朋友进入直播平台，让他再次确认他的视角下是否有什么问题。

快要上课时，我的心脏都快要跳出来了，看着学生一个个进入直播平台，我在心里反复思考措辞，怎样以教师的身份与学生对话，好在，在认真准备和反复确认下，第一堂课没有出现任何问题，并且和学生们进行简单的了解后，我一下子进入了状态，忘记了紧张和焦虑，专注课程本身，学生们也都非常友好，我们还约定为了有更多练习口语的机会，大家可以经常在课程群里聊天，他们也表示很喜欢我这位汉语教师，我也感受到前所未有的成就感。

案例分析

虽然第一次课安全度过，但是在之后每一次上课前依旧很紧张，但这种紧张也督促我每次上课前都要认真地准备，只要做好万无一失的备课，将课程内容讲好，其他的问题都会迎刃而解。

线上教学

案例类别： 线上教学管理类	**地区：** 中国
汉语水平： 高级	**课型：** 综合课
对象： 中国学生和多国别留学生	**作者：** 张玉玲

案例描述

受新冠肺炎疫情影响，许多留学生无法来到中国参与线下教学活动，为了保证课程的正常进行，中国许多学校都展开了线上的教学活动，留学生在自己的国家通过网络会议平台参与课程。

田老师是外校的老师，被聘请来教授我校的第二语言教学这门课程，由于疫情原因，田老师无法入校，只能通过线上的方式上课。田老师拥有丰富的汉语教学经验和与外国留学生交往的经历，但是在线上给留学生讲课的时间并不久。上课时，田老师按照课程流程进行了自我介绍和课程简介后，对每个学生进行了点名签到和简单的沟通，前半段都是中国学生，进行得很顺利。到了留学生时，一部分留学生并没有回应老师的点名，因无法确认留学生是否进入平台，只好先略过没有回应的同学。在点到第三位没有回应的同学时，有位留学生说道："老师，可能是网络的原因，利姆和艾娜没来，米夏同学也没有上其他课，可能已经被开除了。"对此，田老师说："这样吗？好的好的。"班长这时在班级群里，提醒所有人来上课，但是效果也并不显著。第一节课的点名环节就这样结束了。

一周后，又到了上课的时间，田老师想提问一些同学，中国学生都及时回应了老师，但是提问几个外国留学生时，又发生了无人回应的情况。利姆同学表示自己的网络很不好，田老师表示理解，却并未做出任何措施，紧接着叫了艾娜同学，也并没有人回应，田老师没有仔细探查原因，继续了课程进度。课间的时候，一位外国留学生在群里发言表示："老师的语速太快，这边网络不好，没有办法完全跟上老师的讲课进度。"田老师立刻打开麦克风说："好的好的，以后如果有问题可以直接在课中提出来。”下半节课开始后，艾娜同学才进入课堂。一节课结束后，田老师询问大家有什么问题，利姆同学此时打开了麦克风，与老师交代自己的网络问题和课程中的问题，但是在交流的过程中，还是存在着网络问题，在交流不畅后，田老师询问其他学生是否还有问题，另一位留学生发言时，利姆同学又穿插了进来，但是并没有引起田老师的注意，在利姆同学卡顿的发言中田老师结束了课程。

在这之后的课程中，田老师逐渐减少了对外国留学生的提问环节和等待时间，以保证课程的稳步推进。

案例分析

线上教学存在很多传统教学没有面临过的问题，比如学生不遵守课堂规定，迟到早退现象严重，网络问题导致学生无法正常参与课堂，课堂中学生与教师都无法及时获得对方的反馈。出现以上问题的原因包括缺少“约束”以及网络现实问题缺少相应的解决办法。以前在学校时，留学生基本是集体住宿，在课堂集体上课。在学校上课时不管怎么样，教师在教室里授课会对学生有一种无形的威严，会让学生在潜意识里敬畏老师，但在线上学生缺乏敬畏之心。这也是为什么线上授课学生总不能准时上课。同样的，学生缺乏老师的监管，老师也无法直接获得课堂反馈，师生之间相隔甚远，自然会产生一定的距离感、陌生感，加之网络的原因以及没有相对的事后管理措施，就无法保证每个学生的课堂学习效果。

而针对这些问题，虽然不主张教师对学生过于严厉和苛刻，但也不能过于仁慈和软弱，或者对此现象放任不管，课堂的纪律与原则重于一切。没有纪律，一切都无从谈起。可以给学生树立上课原则：（1）不允许迟到，迟到一次算旷课一次，如果迟到超过三次，不允许参加本学期考试；（2）如果有事情无法上课，必须和任课教师提前请假说明原因；（3）课堂上随意消失超过两次算迟到一次。但是，原则是原则，教师也要注重情理问题，有的国家确实存在着网络建设滞后的问题，我们要在深入了解情况后视情况而定，学生若有实际困难，教师应酌情处理，但是绝对不能够放任不管，田老师在此类情况的处理上是欠妥的，没有了解相应的情况，也没有采取事后的措施，制定相关的纪律原则。虽然保证了课程的推进和大部分学生的听讲，但是忽略课程中出现的问题也是不对的。

"老师，我没法参加考试……"

案例类别：线上教学管理类　　**地区：**中国
汉语水平：初级　　**课型：**写作课
对象：汉语言本科三年级留学生　　**作者：**李佳悦

案例描述

李老师是在校汉硕研究生，在校期间利用课余时间在天津大学国际教育学院给汉语言本科生代汉语写作课。由于新冠肺炎疫情原因，这个班级的学生都在线上听课，那么考试自然也采用线上形式进行。考试平台是学校统一规定的，但是还需要一个监考平台，我们征询同学的意见，采用了广泛使用也是我们直播课程采用的 A 平台。本来以为到考试时间，按照学校要求进行考试就可以了，但是在考试即将到来的时候还是遇到了问题。

在考试前一天，李老师通知所有学生进行线上平台的测试，这个时候有一位韩国的学生慌张地告诉李老师自己没办法登录 A 平台，李老师首先安抚了学生，叫他不用担心，一切问题都可以解决。之后询问了其他已经考试科目的任课老师是采用什么进行考试的，这位学生是否可以正常使用要求的考试平台，任课老师告诉李老师这位学生在参加其他科目考试的时候是可以正常使用 A 平台的，于是李老师又询问了这位学生具体的使用情况，针对交流情况判断学生是否试图逃避监考，告知其如果没有监考进行考试的话就会被取消考试成绩之后，学生仍然坚持说自己无法使用腾讯会议平台。李老师联系了教务老师，咨询是否可以采用 B 平台进行监考，在得到教务老师肯定的回复之后，便告诉学生采用 B 平台进行监考。考试期间李老师运用两个设备进行了监考。

在要求进入考试平台的 20 分钟内，有一位同学迟迟没有进入监考平台，李老师多次联系该同学，该同学一直没有回复，直到开始考试之后她仍然没有进入，恰逢身边有第三个设备，李老师马上联系教务老师，咨询怎么解决，得到如果在没有监考的情况下答题就要被取消考试成绩。李老师多次给失联学生发送消息，强调后果，直到考试已经进行到一半之后，该生才进入监考平台。考试结束后，李老师询问该生是否在没有监考的情况下答题，该生承认，于是李老师再次和教务老师确认结果，在得到取消成绩的回答之后正式通知了该生。

案例分析

线上教学因为本身的不稳定性导致教学过程中的多个环节也呈现着不确定性，这要求教师要保持和学生之间的沟通，保证在问题出现的时候能够及时联系学生解决问题。教师在遇到问题的时候，要及时联系班级负责老师、有经验的教师和教务老师，确定问题解决方案，主动积极地解决问题，保证教学环节的正常进行和正规的教学反馈。考试是教学反馈的一种，反映了教师的教学结果和学生的学习成果，在线上教学的形势下，根据具体学科特点确定考试形式，在需要闭卷考试的学科一定要保证监考，从而保证正常的教学反馈，保证考试的公正性。

玩笑可不可以开？——幽默的力量

案例类别： 线上教学管理类　　**地区：** 中国
汉语水平： 中级　　**课型：** 口语课
对象： 日本成年人/多国别本科生　　**作者：** 范磊

案例描述

我们在线上直播课中会经常遇到一个困扰，某个学生在回答问题或者参与课堂讨论、发表演讲时，突然网络卡顿或者掉线，这个时候老师经常会很焦虑，却又无可奈何，当你遇到这种情况会怎么做呢？是马上换下一个学生？还是等这个学生重新上线？在无聊的等待过程中，老师可以做些什么呢？

案例一：这个学期李老师教高级班的口语课，班里都是日本学生，一共15名。学生都是成年人，有家庭主妇，有大学生，也有失业人员。同学们来自日本的不同城市，上课之前并不认识。因此，在线上课刚开始的时候，彼此都非常客气，但是在回答问题或者参与讨论时非常谨慎，不积极，不主动，也不拒绝，课堂气氛有些沉闷。

李老师当时选用了A平台作为直播课的教学平台，大部分的学生网络比较稳定，因此教学的各个环节还算比较顺利。但其中有一位A同学似乎经常会出现网络卡顿的情况。第一次，在老师提出问题后，轮到他来回答，他刚说了一半头像就开始转圈，老师和同学们都听不到他的声音，大家开始等待他再次上线，因为他已经回答了一半，李老师觉得这个时候换其他人来回答不太好，因为日本人非常重视秩序和礼貌，他们宁可等待，也不愿意抢答。李老师和学生在等待的时候，为了缓解尴尬和填补这个时间的空隙，下意识地分享了自己此刻一个真实的感受：A同学不回答的时候也不卡，这一回答问题他就开始转圈。没想到同学们都笑了，课堂氛围一下子欢乐了起来，有个学生还随声附和："就是就是。"第二次，班里有一个主题发表会，同学们认真地准备了PPT，一个接一个地发言，每个人的发言都很精彩。可是在轮到A发言的时候，却又一次出现了卡顿的情况，李老师只好无奈地说：你怎么又开始转圈了？一到关键时刻你就转圈？大家忍俊不禁，都笑了，班长还解释说，他们在课下跟他联系时，也经常出现这样的情况。后来只要A出现卡顿的情况，同学们自己都会说：“一到关键时刻，A就开始转圈啦！”大家把本来尴尬无聊地等待同学重新上线的时间，当作了一个小插曲，互相开个玩笑，彼此理解包容，让网络问题的小插曲不至于影响正常的教学秩序。

学期接近尾声时，同学们回忆起大家一起学习的点点滴滴，这个A同学的网络卡顿插曲成为了他独有的特征，被同学们不时地提起，“一到关键时刻，你就开始转圈”这句玩笑话成了本班的经典语录，也成为同学们这学期线上教学中独有的温馨回忆。

案例二：刘教师在线上中级口语直播课中为8位不同国别的大学生授课。

在一节口语课中，进入了课文的教学环节，为了练习发音，刘老师先让同学们跟自己读了一遍课文，后来又让每个同学分角色朗读、一句一句读，在反复纠音之后，很多学生开始走神，课堂氛围开始陷入一种无聊的状态。同学B百无聊赖地趴在桌子上，看起来很困倦的样子。刘老师想打破这样的氛围，突然跟学生B开起了玩笑：“喂，B同学，你怎么又瞌睡了？快醒醒哈？”B同学出于礼貌，勉强直了直身体，但没坚持多久就又趴在桌子上。刘老师看到后，接着跟B同学开玩笑：“别睡了别睡了，你怎么又开始瞌睡了？”就这样，刘老师反反复复地多次跟B同学半开玩笑地提示他，在课上不应该睡觉，提起精神来。最后根据课堂录像观察，可以明显看出B同学不耐烦的表情，且在行为上没有任何改善，也没有回应老师的玩笑，好不容易坚持到下课。老师自己也不知所措，自己的幽默没有得到回应，问题到底出在哪里呢？

案例分析

线上教学中老师们经常会遇到一些突发状况，特别是网络问题，卡顿、掉线时有发生，课堂节奏因此被打乱。教师和学生之间的交流和沟通机会减少，师生之间有一种心理距离感，这种距离感必然阻碍和谐师生关系的建立。同时每个同学也是孤立的，彼此之间沟通也比较少，更容易产生倦怠和疲惫感。如何打破这种僵局，让课堂充满活力。除了教师精心设计每一堂课，让丰富有趣的课堂活动激发学生的内在学习动力以外，教师个人的幽默感无疑也会打破线上教学中师生、生生之间的情感隔阂，增进彼此的信任，建立轻松愉悦的课堂氛围。但是对幽默感的把控需要一定跨文化交际能力的积累和对学生背景文化的深度理解，因此适时和适度是非常关键的，对于刚刚开始从事国际汉语教育的教师来说，如果把自己认为的幽默点强加在学生身上，那结果可能适得其反，引起学生的反感和对抗，还不如不用。案例二中刘老师没有意识到自己的教学模式太单一才是导致学生上课犯困的根本原因，试图用开玩笑的方式去提醒学生上课不应该睡觉，并没有收到任何效果。线上教学的特点又不方便师生的及时沟通，因此造成了误解有可能教师都没有觉察到，弊大于利。所以说，虽然幽默非常有助于缓解线上学习中学生的紧张焦虑，但需要选择合适的时机和适宜的程度，才能达到理想的效果。案例一中李老师对于线上教学中常见的网络卡顿现象，跟同学们倾吐自己真实的感受，既形象地描绘出那个尴尬的画面，又说出了此刻全班同学的心声，这个小幽默缓解了课堂节奏被打断给学生心理上带来的焦虑，无疑对建立轻松愉悦的课堂氛围是有帮助的，同时也保证了课堂教学的有序进行。

中国文化推广与跨文化交际篇

告别大卫、露西，给学生一个地道的中文名字

案例类别：跨文化交际类　　地区：巴西
汉语水平：初级　　课型：综合课
对象：巴西大学生　　作者：初艾璇

案例描述

中国人常说，人如其名。中国人给孩子起名，选用的文字都具有极好的寓意，希望名字给孩子带来好运；巴西人给孩子起名更倾向于选择《圣经》或是神话传说中的人物的名字，寄托对孩子的祝福。中国人注重家族姓氏，所以姓在前、名在后；巴西人的姓氏具有纪念意义，常常把家中重要亲戚的名字加进来构成孩子的姓名，所以巴西人的名字往往是一长串，而且重名率极高。

许多外国人使用音译过来的中文名字，比如露西、菲利普、大卫等。这样的名字音译成中文名字的时候有一系列问题，比如重名率高、姓名顺序与中文相反、名字缺少中国风格等。

对外汉语教师们，除了平常要给学生起名外，还要在参与文化活动时给各年龄段的国际友人起名字。所以如何给外国人起中文名字，是一个屡见不鲜、常谈常新的话题。我向来对美丽的名字没有抵抗力，做一道菜、画一幅画都恨不得诗情画意一番。所以给外国人起名字这件事让我又兴奋又期待。

我刚开始在里约孔院工作，就有三个同时开班的一级班，这意味着几乎所有的学生都没有中文名字，所以我的第一个任务就是给学生们起中文名字。

于是我首先在朋友圈里，统计了我的同龄人、好朋友们的姓名，按照“常用姓氏”“女生起名常用字”“男生起名常用字”进行分类。将这些常用字，按照音序排列开，形成一个并不全面但比较丰富的检字目录。

事实证明，这个检字目录十分好用。利用这个检字目录，我在里约孔院七周年庆典的文化活动中，给巴西学生一口气起了诸如“白安楠（Andre Pessamba）寇冰玲（Barbara Coelho）”“欧阳白汀（Beltina Olivia）”“焦艾妃（Hayfee Guillot）”“孟多多（Dodo Monteiro）”“毛蔚嘉（Oliveira Machado）”“孔江彬（Gabriel Corvalho）”在内的几十个名字。除此之外，还给我的75个学生起了非常受欢迎的中文名字：魏艺多、伍纳迪、谭安东、白子豪、范蕾涵、百里铭宏、孙珊岚、樊马麟、司徒可恬等。

每次我都会要求他们把自己的全名写出来，并读给我听。根据他们第一个名字的谐音，我会为他们选择1~2个字作为中文名字。比如Carlos Eduardo Lemos，我会选择“嘉罗”作为他的名字，我会从他们的众多名字里，择一个他们最喜欢的作为姓氏。如Carlos Eduardo Lemos，他选择了“Lemos”，谐音译成“栾”。于是Carlos Eduardo Lemos的中文名字便是“栾嘉罗”。

如此一来，起多少名字都不过像翻字典一样简单。而且因为中文里存在着大量的同音字、近音字，所以也不再担心一个班里有四个Joao、五个Lucas的问题。

学生们听了我讲述他们名字背后的故事，常常会感受到中巴文化差异带来的极大乐趣。他们喜欢自己的名字，甚至在常用的社交软件（如Instagram）上面备注自己的中文名字。

接触中国文化的第一步便是从拥有一个响亮的中文名字开始，相信这样开始学习的汉语也一定会更为顺利。

案例分析

在第一次跟学生见面时，给学生起一个具有中国文化特点的中文名字，既利于师生沟通，又加深了学生对于中国文化的理解和认同。给学生起中文名字的过程也是了解学生、跟学生沟通交流的有效途径，好的起名字的方法，既体现了对学生的尊重，又让学生接触到了中国文化，起到事半功倍的作用。

遭遇“骚扰”

案例类别： 跨文化交际类　　**地区：** 中国

汉语水平： 初级　　**课型：** 辅导课

对象： 多国别预科生　　**作者：** 刘皓

案例描述

上学期我在天津大学国际教育学院带预科生晚自习，之前未有过教授留学生汉语的经历，虽然比较了解西方文化，但和外国人真正打交道的机会很少。每天晚自习开始及结束后，学生们总会很亲切地对我“老师好”“再见”，有时晚自习不用上课，我也会给学生答疑解惑，他们对中国的很多事物充满了好奇之心，这时候我也会细心给他们讲解中国本土文化。

有一天晚上他们讨论中国的婚嫁习俗，有的学生说他们国家男性可以有多个妻子，很有趣的是有一位同学的国家女性可以有很多个男朋友，但是男性不可以有多个女朋友，大家兴致勃勃地分享自己国家的相关文化。正讨论到兴头上，一个男生问我是否有男朋友，接着问我和我男朋友在一起多久，感情是否稳定。在我粗略回答了之后他开始问我会不会和男朋友开房，甚至问我一些不方便在公开场合说的事情，我当时感到很不好意思，就没再多做回应，但是对方好像并没有感受到我的拒绝，反而变本加厉，继续说如果对现在的男朋友不满意他可以做我的男朋友。在他做出这一系列行为之后我有点生气，于是和他说：“这是汉语课堂，希望我们不要再讨论与课堂无关的事情了。”但是他仍然不依不饶，让我不要害羞。在我明确表示出我很生气之后，他愣了一下，说：“老师，我只是在开玩笑，你为什么会生气？”当时因为情绪较为激动我并未解释，简单说了句“认真学习”便了结了此事。事后我向班主任询问如何对待这位同学的行为，班主任说：“不要理他就好了。”但我隐隐觉得这不是最佳的处理方法，但又想不出别的解决办法，于是这件事就这样过去了。

案例分析

与外国学生打交道，需要保持师生距离，原则性的问题要坚持。出现这样的情况，可能是因为文化差异，也可能是学生本身的问题。老师平时在跟学生接触时需要保持距离，不能太随便。如果感到学生对自己有所冒犯，需要坚定明确地表明自己的态度，尽量保持平和的心态，对学生说明在中国这是很严重的冒犯，明确告诉他以后不能这样做。

他有两个妈妈

案例类别：跨文化交际类　　**地区**：澳大利亚
汉语水平：初级　　**课型**：综合课
对象：澳大利亚小学生　　**作者**：况哲宇

案例描述

2018 年我有幸成为昆士兰大学孔子学院的一名汉语教师志愿者，在澳大利亚布里斯班的希尔斯国际学校小学部进行为期一年的海外教学活动。

案例发生在三年级 A 班，这节课将要学习的专题是“星期”，因为这节课是星期一的第一节课，学生刚刚结束周末，我便想利用“周末大家做了什么”这个话题切入，从星期六星期日这两个词进行导入。做完例行问好后我用英语问大家有谁想要分享自己周末做了什么吗？几乎所有的学生都积极地举手，看学生 F 非常急切地要分享的样子，我就让他先说，F 站起来到前面对大家说自己周末和妈妈去了市区新开的公园，在那里还看到了大象，一边说一边用手比画很大的样子。我很自然地就问了一句：“你的爸爸没去吗？”结果学生回答说自己没有爸爸。听到这话我瞬间紧张起来，想到自己无心的一句话可能戳到了学生的伤口或者暴露了学生的隐私，加上之前培训的时候一直接受教育要在跨文化的交际中保持谨慎，我赶紧流露出很同情的样子认真地说很抱歉。出乎意料的是，学生似乎很不理解我的反应，这时候有几个学生在下面对我说学生 F 没有爸爸，但他有两个妈妈，似乎大家都清楚这件事。我开始听得不是很清楚，加上没有接触过类似的情况，有点不确定就又问了一下：“你的意思是说你有两个妈妈吗？”学生 F 又说了一遍自己是和妈妈们一起去的。我担心自己是否表现出惊讶的情绪，急忙试图掩饰说：“好的我知道了。”然后直接开始了下一个教学环节，但还是能感觉到学生们对我这一连串的反应有点困惑。

案例分析

交往是主体之间的相互沟通、相互交流、相互理解，这是人的基本存在方式。在课堂中，老师和学生都是教学活动过程的主体，具有独立的人格和价值观，交往成为建立和表征师生关系的基本形式和途径。在进行文献综述整理各类课程管理的理论构建中可以发现，不论是行为矫正模式、逻辑后果模式、琼斯模式，还是教师效能训练、团体动力模式，都将教师和学生建立积极的互信关系作为实施过程的第一步骤，而这种关系的建立需要以理解和尊重为前提，来自同一文化背景下的人们在交往过程中尚且会因为个体差异性，成长环境不同等产生彼此不理解的情况，更何况汉语教师志愿者来自一个文化背景完全不同的国家。作为移民国家，澳大利亚将文化多元主义政策视为基本国策，很多志愿者都是第一次踏出国门，面对各种宗教、文化、习俗的多元发展，难免遇到自己成长经历中未遇到过的事情。在本案例中笔者似乎已经很注意了，却还是让学生们感到疑惑，就是因为只以谨慎的角度进行跨文化交际。跨文化交际既有内功也有外功，内功即跨文化交际的知识素养，外功就是这种知识素养的外化形式，即跨文化交际能力，我们经常注重知识素养，却对跨文化行为缺乏具体指导。本案例中笔者虽有谨慎的意识，却没有以开放的心态去中立包容地看待问题。

入乡随俗

案例类别：跨文化交际类　　**地区**：中国
汉语水平：高级　　**作者**：颖末（波兰）

案例描述

俗话说入乡随俗，但是当你心里很困惑，有很多不理解的事情时，入乡随俗还会容易吗？我作为来华留学生有机会体验文化适应的过程。我 2015 年来到中国学习汉语，当时刚高中毕业，从来没来过中国，也从来没有一个人去过国外旅游。因为我对中国的文化和语言很感兴趣，所以我努力实现了我的梦想。留学除了给予我丰富的经验、美好的收获外，有时候也会带来很多文化适应方面的困难。来中国之前我从来没学过汉语，我对中国的了解完全依靠网络上的信息、其他人的博客记录和书籍。我刚到中国的时候虽然很累，但是很兴奋，对什么都很好奇。中国人的外表，中国的语言、建筑，连超市的东西都跟我们国家的不一样。虽然我当时的态度很积极，但是语言和文化不同给我带来了不便。很幸运的是，宿舍的阿姨中有一个会说英语，她给了我很大帮助。但是后来我发现买东西、问路、跟别人交流都是问题。我当时连地铁、公交车都不会坐。对我来说很幸运的事情是我认识了一个波兰女孩，她曾经在波兰的孔子学院学过中文，拥有一些中文交流能力。在我对中国的适应过程的开始阶段，我主要是跟其他留学生一起玩，跟中国学生交流不是很多。原因并不在于我们不想跟中国学生交流，而是因为语言障碍、文化障碍以及认识中国学生的机会很少。我发现很多外国留学生都有这个问题，他们虽然很愿意但是很难交到中国朋友。有时候和中国学生接触能明显地感觉到我们之间的距离，虽然他们很善良，喜欢帮助我们，但还是有一种陌生的感觉。

我第一次学习中文是参加天津大学语言班的课程。我很喜欢中国的老师，他们很温柔、善良，还总是鼓励我们。学习语言是一条很长的路，不可能一两个月就学好。我开始更主动地找机会跟中国朋友交流，刚开始经常是用英语交流，有时候跟他们一起练习中文，问他们很多关于中文和中国文化的问题。当时我有很强的了解其他文化的欲望，我很想和中国人及其他国家的人聊天，了解他们观察世界的视角和对世界的看法。但是我发现，我在中国的时间越长就越渴望跟自己的同胞接触。

目前我在中国住了四年多，有时候我自己都不敢相信我的梦想这么快就实现了。留学对我来说是学习语言专业知识的过程，是我自己成长的过程，是我了解世界、了解我自己的过程。现在我对这里的一切都很习惯，我适应了当地的文化，也能用中文交流，但是我越来越想念家乡。这次留学我明白了没有一个完美的地方，每个国家都有优缺点。我在中国的时候只要到波兰的节日，圣诞节、复活节等都很想家，希望可以跟家人团聚。留学之前我没注意到这些小事情的价值，现在我明白我不能轻易地放弃自己的文化。在国外学习的机会让我有了新的看事情的角度，对世界有了新的了解。毕业之后我将回国，我一定会经常看在中国拍的照片，给家人和朋友讲我在中国的经历，也会想念自己在天津的美好生活。虽然很多中国人称呼我为“老外”“外国人”，但是我觉得天津已经成了我的第二个家乡，未来我一定找机会再来到这里，再一次去天津大学及其他曾经去过的地方，看看它们的变化，享受自己在那里的回忆。

案例分析

国外的研究者对跨文化适应问题进行过大量的研究并拥有显著的成果。1955年 Lysgaard 提出了跨文化适应“U 形曲线假说”。以此为基础，Oberge（1960）提出“文化冲击”理论说明人们跟陌生文化接触时可能出现情感障碍、抑郁、焦虑等，他把文化适应过程分为四个阶段：蜜月期、危机期、恢复期和适应期。1985年 Mendenhall 和 Oddou 提出适应其他文化因素的三个维度：自我导向维度、他人导向维度和知觉构面。到目前为止，中国学者对留学生跨文化适应的研究较少，不过近年我们能看到这个话题越来越热门。我认为来华留学生自身经历很有特色，我希望这个领域能引起更多人的重视。

理解与适应

案例类别： 跨文化交际类　　**地区：** 中国
汉语水平： 高级　　**作者：** 李跃

案例描述

我刚到中国的时候，心里充满了快乐的感觉，作为来自非洲不发达国家的我，刚到中国脑子里没有时间想别的，大部分的时间都在参观中国好看的地方，拍漂亮的照片，学习坐北京地铁的不同线路，跟中国人说几句汉语，这些都是让我开心的事情。这段时间我感觉中国的一切都是美好的。因为，在刚到中国的前几个星期，还没有开始上课，我一般去哪里、做什么都是跟同胞一起，说我自己国家的语言。

这段时间过了，我们开学了，看中国和中国人的印象就不一样了。我遇到的第一个困难是问路。在中国问路时一般遇见的人有两种，一种是不理你的人，另一种是热情的人。那时候，我问路时中国人的态度让我很失望。我遇到不理我的人时，心里会想为什么中国人是这样的。我也遇到过很多比较热情的人，但是我对他们也很失望，因为他们告诉我的路线往往都不对。在适应中国生活之前，我一直对这件事情很不满意，适应以后我发现，可能问题不在于中国人，有可能是因为那时候的我，汉语水平比较糟糕，想帮助我的人并没有听明白我说的话，不明白我真正的意思。还有，中国是一个很大的国家，连中国人走路也得用百度地图等软件，所以不知道怎么给问路的人指路也并不意外。

中国菜也让我花了不少的精力才适应，中国有很多不同种类的菜，而且各种菜的口味也不一样。卢旺达的菜大多是咸味的，而在中国，在同一个饭馆中会有酸、甜、咸、辣各种味道的菜。我既不习惯这些味道，也不太熟悉不同菜的味道，所以在选择饭菜方面我吃了不少亏。除了选菜的问题，另一个问题就是中国菜大多数油比较多，还有点菜的时候服务员会大声说出你所点的菜，这都是以前没有过的就餐经历。现在，因为我已经习惯了，我评价中国五颜六色的菜时，不再觉得有不同味道的菜是一个问题，反而觉得是一个优势，对油比较大的菜和服务员的接单方式，我只好采取融合态度。

我开始交中国朋友的时候，我对他们的友谊感觉不太满意，因为有时候我已经把一个中国人当作我的朋友了，可是如果我不主动跟他们打招呼，我们的友谊就像没有似的。后来我发现，中国人和卢旺达人对朋友这个词的概念有很大差别。在中国，只要跟一个人和睦相处就可以算是朋友，而在卢旺达，只有经常来往的人才可以被认为是朋友。

打招呼也是我经历过的文化差异事件，在我的祖国，两个人见面时，普通朋友或者在正式的场合一般都是通过握手来打招呼，关系比较好的朋友或者长期没见面的朋友会拥抱。到中国后我发现不是所有人都将握手作为日常打招呼的方式，我刚来的时候经常跟别人握手打招呼，因为中国人打招呼一般不握手，于是就经常引起尴尬。但在中国时间长了，连跟我的同胞见面时，我也很自然地不跟他们握手了。

案例分析

跨文化适应是当你改变原有的生活环境，从文化休克到能适应及融入一个新环境的文化与生活方式的过程。Oberg（1960）认为文化适应会经过四个阶段，即蜜月期、挫折期、恢复期和适应期。作为留学生，不仅要面对适应中国文化与中国人的生活方式，还要适应各个国家不同的文化。

幼儿园的春节主题活动

案例类别：中国文化推广类 **地区**：印度尼西亚
汉语水平：初级 **课型**：文化活动
对象：印度尼西亚幼儿园 **作者**：洪慧萍（印度尼西亚）

案例描述

2018 年底至 2020 年中，本人在一所位于印尼泗水市的基督教幼儿园工作。这所幼儿园有四种班，包括贝班（2~3 岁）、小班（3~4 岁）、中班（4~5 岁）、大班（5~6 岁）。幼儿学生大部分是印尼华裔，家长大部分不会说汉语。虽然他们不会说汉语，在家里习惯与家人用印尼语或英语沟通，但是每年他们都会与家人过中国春节。印尼人对春节的习俗比较熟悉，但是他们的过年氛围没有中国那么浓厚。许多印尼幼儿园，特别是私立、三语和国际学校会开展春节活动。

2019 年 2 月，我所在的幼儿园进行春节活动，贝班到大班都要参加。老师们用了一个月时间准备这次春节活动。学生们和老师们都会穿上旗袍、长袍、红色的衣服或者有中国特色的服装。老师们用简单的汉语欢迎学生，如："早上好！""你好！"。学生都在学校大厅里准备参加活动，有些学生在教室里准备表演。活动开始前老师做"之前"的祷告。老师们与学生们一起唱两首中文的基督教歌曲。唱歌后，老师用印尼语对学生介绍中国春节的一些习俗：（1）春节装饰品；（2）向长辈拜年及派发红包；（3）团圆饭及春节期间饮食。介绍春节装饰品的时候，老师跟学生说新年是一个很快乐的日子，中国人一般会贴上"福"字，希望新年过得很愉快。中国人在红色的对联上写新年的祝福语。新年的时候我们也会这样做，但是我们应该向耶稣祷告。介绍向长辈拜年的时候，老师说明向长辈拜年是一种礼貌。《圣经》说孩子们要孝敬父母，这样孩子们能得福，在世长寿等。拜年不是为了拿红包。长辈派发红包是因为他们爱我们，我们要感谢长辈的爱。在拜年习俗上，我们都要以尊敬长辈为主，而不是为了拿到红包。介绍团圆饭及春节期间的饮食时，老师说团圆饭是与家人一起庆祝平安快乐的新年。吃团圆饭前要记得向耶稣祷告，感谢主耶稣的祝福，感谢主给个人一家人健康、平安、快乐等。

老师以基督教价值为主。没解释中国除夕的故事，没解释为什么要用红色的装饰或衣服，因为这些传统故事跟基督教价值观不符。基督教徒只能相信耶稣，不能相信有“夕”这种怪物。老师也没解释“龙”这种中国神话里的动物。西方文化中的“龙”代表“魔鬼”，所以老师会避免讲“龙”。老师也没解释中国生肖。老师介绍完以后，小朋友们会看一些学生的表演，有的在唱中文歌、有的在跳舞、有的在朗读诗歌。表演结束后，老师们和小朋友们都一起祷告，然后去自己的教室里品尝中国特色糖果、中国烧卖、中国年糕等。品尝后，班主任带学生玩“寻红包”的游戏，红包里有巧克力和《圣经》经文便条。玩游戏后，春节活动就结束了。

案例分析

我认为，老师们应根据学生的年龄来介绍春节。虽然活动中没有汉语教学，但是活动形式多样化，有唱歌、文化解释、表演、品尝饮食及游戏。通过愉快的活动，学生没感受到学习汉语及中国文化的压力；老师只介绍春节的大概情况是因为学生的汉语能力很有限。小班一周上一次汉语课，每节课只有 30 分钟。中班与大班一周上两次汉语课，每节课只有 30 分钟。有些学生还不能够清楚地说自己的母语（印尼语）。学生周围也没有课外汉语学习环境。虽然他们的汉语文化知识有限，但是他们能了解到春节的主要意义。在印尼，汉语教学及中国文化推广要注意学生的年龄、家庭背景、宗教、民族等。幼儿学生的思考能力及注意力很有限，老师要适度介绍中国文化。

理解与偏见

案例类别：跨文化交际类　　**地区**：韩国
汉语水平：初级　　**课型**：口语课
对象：韩国成年学习者　　**作者**：杨爱芬（天津大学教师）

案例描述

2003 年春天，我来到韩国永进专门大学，负责校际交流任务，在学校的中文系担任汉语教师。

韩国永进专门大学坐落在韩国大邱市，是一所小而精的私立专科大学，学校管理得井井有条，教学条件、教学环境都很不错。中文系的系主任和各位老师都很热情，对我很照顾。初来异国他乡，并没有让我产生多少不适，内心满满的都是对新环境的好奇和新鲜感。

同时在国内，非典病毒开始肆虐，那时网络还没有现在这么发达，只能通过邮件获知国内亲友的消息，每日心里非常担忧，未能跟家人、朋友、同事共同面对病毒让我非常不安，甚至有一种逃兵一样的惭愧感。出门坐出租车时，偶尔会有司机得知我是中国人后会侧目问一句："你会不会传染给我病毒？"理解这种担心，虽然心里有些不舒服，但是也并未放在心上。

永进专门大学还有一个语言教育学院，办一些社会培训班，要去委托培训的单位上课，中文系的汉语老师也要承担这些培训班的教学任务。因为我初来韩国，而且不会说韩语，考虑到交通问题，系里并没有给我安排培训班的教学任务。同教研室来自我国台湾的邓老师正在教一个道厅（相当于省政府）的培训班，学员们都是庆北道道厅的公务员。有一个周末，邓老师邀请我去跟这个班的学生进行交流，想让学生更多地了解中国，我欣然同意了。

交流现场，道厅的学生们很热情，问了我很多关于中国人的生活、中国文化方面的问题，我也热情地进行了解答，气氛友好热烈。这时候，突然有一个中年男同学提问：“老师，中国现在有 SARS，是不是因为中国很脏？”我没有想到会有人问这样的问题，一下子僵住了，心里很生气，但又不能发作，稍微定了定神儿，大声说：“你去过中国吗？”，那个学生说：“没有。”我说：“我建议你去中国看一看，看看中国会不会很脏？”然后对所有的同学说：“中国现在正处在发展阶段，欢迎同学们去中国旅游，看一看中国的真实情况。”可能邓老师也觉得有些尴尬，开始说别的话题。说完这些我自己其实很激动，很生气，都不记得这堂课后来是怎么结束的。

从道厅回来，我跟邓老师说了自己的感受，我觉得很生气，没有想到这个学生这么不礼貌，邓老师说我在课堂上说话的时候脸一下子就红了，看得出来非常生气。我没有想到自己强压的怒火还是表现出来了。后来我接到了那个学生的道歉电话，他说：“对不起，中国人一点儿也不脏，中国人很干净。”听得出来，他的语气并不真诚，不过我感觉已经没有开始时那么生气了，改变一个人的观念是很难的，等他真的去中国看过了就会改变了。

案例分析

跨文化交际不是一件容易的事，置身于异域文化当中，会遇到各种因为文化背景、社会背景、观念认识的不同而造成的误解和偏见，甚至会遭受到某些质疑和攻击，我们一定要有这样的思想准备，做好预案，如果遇到这样的问题要知道该如何应对。同时要锻炼自己的心理素质，保持心态平和。我在处理这一问题时，自以为情绪控制得还不错，但是实际表现并非如此。以理服人，不以态度强加于人，是应对此类问题的原则。

一起做月饼！

案例类别：中国文化推广类	**地区：**中国
汉语水平：中高级	**课型：**文化体验课
对象：多国别留学生	**作者：**井文聪

案例描述

笔者是一名汉语国际教育专业在读研究生，在校期间与小组同学共同配合完成了一次以“中秋节文化——冰皮月饼制作展示及体验”为主题的中国文化体验课程。本次活动旨在帮助学生了解中秋节的习俗、传说故事，理解和把握中秋节所蕴含的中国传统文化思想，帮助学生顺利进行制作月饼的体验活动，感受中秋节团圆的主题。本次文化活动的教学内容主要有中秋文化介绍、月饼文化介绍、冰皮月饼制作、互送月饼礼仪文化。

参加活动的人员包括来自朝鲜、乌克兰、巴基斯坦等国家的硕士留学生。为了能够完成本次体验课的教学目标，小组成员在活动开始前就积极搜集相关主题的文化体验课程教学案例，通过对搜集到的案例进行分析，我们吸取以往活动中的优点，规避相关活动中容易出现的不足，对本次活动进行了充分的准备、详细的分工和活动流程策划。

活动当天，活动开始前，小组成员均提前半个小时到达活动地点，对教室进行布置，包括调试设备、播放暖场视频、摆放灯笼、调节灯光等，力求为活动参与者营造一种沉浸式的活动氛围，感受到中秋节的节日气氛。活动正式开始之际，第一个环节，首先由一名活动组织人员向参与者介绍中秋节的相关文化知识，由中国的四大传统节日引出此次活动的主题为“中秋节”，接着介绍中秋节的演变过程，在对中秋节的相关文化要素进行介绍后，我们又对中国的月饼文化进行了讲解，其中包括月饼的含义、月饼的来源、月饼的分类等。第二个环节，由另外一名小组成员采用演示法，对冰皮月饼的制作过程进行教学，对制作过程中食材的用量、工具的使用方法及制作过程中的细节和注意事项进行介绍。第三个环节为月饼的制作，参加活动的留学生全部参与到月饼的制作过程中并且亲手制作月饼。在这个环节中中，大家都积极参与，制作月饼的兴趣都很浓厚，参与度很高，并且每个人都制作出了令自己满意的月饼。不过在制作过程中，出现了一些小问题。虽然第二个环节对月饼的制作过程进行了讲解，但是在实际制作时，仍然出现了面团过大、馅料过小、不能正确使用模具、按压过于用力等问题。但是这些问题经过其他同学的帮助，以及参与者自己反复的试验，都得到了很好的解决。最后一个环节为宾客入座品尝桂花茶，在这个环节中，活动参与者落座，一边品尝着自己制作完成的月饼，一边品尝桂花茶，一边欣赏皮影戏《嫦娥奔月》、歌曲《月亮代表我的心》等节目，设置该环节的主要目的是让学生感受中国中秋节时合家团圆、相聚一堂的美好氛围。活动的最后组织者与老师和参与活动的留学生一起合影留念，宣布活动结束。

活动结束后，参与的同学纷纷表达了对这次活动的喜爱，并且将自己制作完成的月饼带走，送给同学和朋友。

案例分析

活动结束后，我们也及时对本次活动的优缺点进行反思。在活动筹备阶段小组成员分工合理，优势互补，按照分工表各司其职；活动前积极练习，把控 PPT 讲解时间；认真策划活动流程，合理安排活动环节。但是由于没有提前了解情况，当天留学生有集体活动，导致到场参加人数没有达到预期。在活动讲解阶段提前准备物料，布置教室摆放桌椅，配合灯光营造节日氛围；PPT 讲解详略得当，重点突出中秋文化、月饼文化及冰皮月饼的制作；充分利用道具进行实际演示，吸引观众注意力，直观展现月饼的制作过程，方便观众上手操作学习。但是在讲解中秋文化与月饼文化时，与观众互动较少，文字堆砌略显单调；在讲解月饼制作时使用“脱模”等术语，增加了留学生的理解难度。在活动进行阶段小组成员分工合理，有辅助，有教学，物料准备齐全；活动气氛融洽，有背景音乐烘托，现场秩序良好，到场人员几乎达到全程百分百参与活动，每人都制作出了成品。

旗袍文化初体验

案例类别：中国文化推广类　　地区：中国
汉语水平：初级　　课型：实践课
对象：韩国学习者　　作者：井文聪

案例描述

本案例中，我参加由北京师范大学组织的“韩国首尔国立大学在北京”项目，并且在该项目中担任助教，参与该项目的韩国学生在北京师范大学进行为期一个月的短期汉语学习，并且完成他们的文化实践课题项目，作为助教，我的主要工作是带领由五名韩国学生组成的一个小组，帮助他们完成此次来北京的实践课题项目及其任务，并陪同他们感受中国文化，负责他们的出行交通、通信等事务，解答他们关于汉语和中国文化的一些问题。因为此次文化体验活动的主题是“中国的旗袍文化和唐装文化”，我的主要任务是介绍旗袍相关的文化要素，用汉语与学生进行交流，提升学生口语水平。

我带领的小组共有五名成员，他们来自完全不同的专业，日本史专业、英语专业、电子通信专业等，小组成员的汉语水平参差不齐，差别很大，并且成员年龄差异也很大，最大的已经32岁，最小的只有20岁。

由于该小组的实践课题是中国传统服饰文化研究，因此我带领队员们体验了中国的旗袍文化和唐装文化，女同学换上旗袍，男同学则穿上唐装，讲解员向我们讲解了关于旗袍由来的美好传说、旗袍的款式、旗袍花纹的含义以及旗袍的制作工艺，并且还介绍了每种旗袍款式的名字，穿旗袍时应搭配的配饰，甚至还教了我们一个简单的旗袍盘扣的制作方法和穿旗袍时挽的简单的发髻。在店员的帮助下，小组内的女同学第一次穿上了中式旗袍，男生们也穿上了唐装，过了一把穿越的瘾。

除此之外，我还带领同学们观看了旗袍制作过程的视频，学习了旗袍的制作工艺。经过这一周的文化体验活动，他们对中国特有的服装文化有了实际的体验，对于旗袍所承载的文化内涵也有了更深的了解，同时对于旗袍所体现出来的中国传统文化中对女子品行的要求也有了了解，并且发现这与韩国文化中对女子的要求有相似之处。

但是在实践过程中也出现了不少问题，首先就是汉语好的人有很强的表达兴趣，但是汉语不好的人就很少开口，甚至我说的汉语经常需要借助翻译软件或者要靠汉语好的韩国同学来翻译，才能明白。其次是参观体验过程中，秩序不好、很嘈杂，与队员沟通的时候还是会有很多语言上的问题，没有注意到参观过程中一些陈列和制作过程不允许拍照和摄像等要求。

案例分析

在送队员回宿舍之后，我总结了这次文化体验活动出现的一些问题。由于学生的汉语口语水平差异较大，汉语好的学生往往有很强的表达兴趣，但是汉语口语不好的同学就很少开口，甚至需要借助翻译软件或者要靠汉语好的韩国同学来翻译。这让我意识到，在接下来的相处和活动中，我需要尽可能照顾到每一个人的表达需要，尽量锻炼每个人的口语，使他们有所收获。

在参观的过程中，秩序不好、很嘈杂，与队员沟通的时候有语言上的问题，在接下来的活动过程中需要及时提醒学生注意观察有没有禁止拍照的牌子，进入店铺之后要注意保持安静不要大声喧哗，遇到难以与店员沟通的问题时要及时告诉我。

单双数的学问

案例类别：跨文化交际类　　地区：中国
汉语水平：中高级　　作者：范晓倩
对象：多国别留学生

案例描述

这些年，我都在天津大学国际教育学院教授汉语课，我在这里任教的第五年，5 月的一个星期三，我走进教室上课。这天一个俄罗斯女孩过生日，当我走进教室后班长告诉我班里的同学私下给她准备了一份生日礼物，生日礼物就是 22 支玫瑰花。在我的课堂上，学生们和我一起祝她生日快乐，但是这位俄罗斯女孩表现得不那么开心，她的脸色有点儿不太自然。我带着疑问开始上课，下课后我单独找她询问原因，她说在俄罗斯人们只有在人去世的时候才选择送双数的花。听到她的回答，我感觉非常尴尬，回想在课堂上祝她生日快乐的一瞬间，内心不禁感慨文化差异的巨大。我立刻向她解释了中国和俄罗斯关于送花单双数的差异，在中国双数是吉利的数字，人们在送东西时喜欢成双成对，图的就是吉利，我告诉她既然来到中国不妨入乡随俗，接受中国人的风俗习惯，希望她不要误解同学们的心意，并再次祝她生日快乐。

等到再上课的时候，我正式向同学们介绍了中俄两国关于送单双数花背后的意义，让同学们深深领悟到跨文化交际的重要性，消除了大家与这位俄罗斯女孩之间的误会，引导留学生今后一定要多多了解各国的文化差异，这样在今后的交际中就不会再出现尴尬的情况。

案例分析

中俄两国文化有差异，表现在日常生活中的方方面面。文化差异是导致文化休克现象的根源。课堂上俄罗斯女孩儿面对文化差异所表现出来的不自然是正常现象，这也可能导致她在异国他乡产生文化休克现象，从而不能很好地处理她和班里同学的关系。

我在班里公开向学生们解释中俄两国对于送单双数花所表现出来的意义的不同，在中国双数有好事成双的意思，是吉利的象征。我这样做可以让班里所有的学生都能理解中俄两国的文化差异，进而延伸到自己国家和各国的文化差异，消除班里学生之间的误会，并向俄罗斯女孩说明同学们对她的友情是真实存在的，送错了花的数量是不知者不怪。消除误会，理解文化差异，是帮助学生适应异域文化，提高跨文化交际意识的好方法。

颜色的误会

案例类别：跨文化交际类　　地区：中国
汉语水平：中高级　　作者：范晓倩
对象：韩国大学生

案例描述

我的班里有一位韩国学生喜真最近闷闷不乐，上课时注意力不集中。我很担心她，就在课下询问她的情况，原来喜真跟她的中国朋友之间发生了不愉快的事情。喜真的中国朋友结婚，喜真去参加朋友婚礼，她知道要送新人份子钱，就用白色的纸包了份子钱，喜真的中国朋友当时没说什么，但是之后就与喜真的关系疏远了。所以喜真最近很不开心，被这件事困扰了很久，在上课的时候也不能专心听课。我询问她原因的时候，她不解地看着我，本来她是好意，在婚礼上随份子，给中国朋友道贺，满满的全是心意。她非常看重与中国朋友的友谊，可不知道为什么却没有换来中国朋友的心。听完喜真的诉说，我安慰了她，然后把中国关于随份子钱的风俗讲给她听，告诉她颜色的选择是非常重要的，在中国份子钱一定要用红色的信封，红色代表喜庆、热闹、吉利，是非常吉祥的颜色。而白色的信封一般是在丧礼上才用的，所以在婚礼上选择白色信封是错误的，这样会让新郎新娘非常不适，会让人生气。这就是中韩两国关于颜色选择的文化差异。喜真听完后默默地点了点头，她明白了自己的失误，并意识到跨文化交际的重要性。

案例分析

在中国，新人结婚喜欢选择用喜庆热烈的红色，但在韩国，白色象征着纯洁高尚，韩国婚礼喜欢选择代表纯洁的白色。这是中韩两国的文化差异，喜真在参加中国朋友婚礼前没有充分了解中国文化，跟中国朋友闹了矛盾，所以闷闷不乐，在课堂上注意力经常不集中。

我向喜真解释了中韩两国的婚礼习俗和文化，在中国红色代表喜庆热烈的气氛，白色多用于葬礼，所以中国人在婚礼上忌讳用白色。我在解释完中国婚礼文化以后，建议喜真跟她的中国朋友好好谈一谈，让喜真给她的中国朋友介绍韩国的婚礼文化，并向她的中国朋友道歉，希望可以得到朋友的谅解。

文化之争为哪般

案例类别：中国文化推广类　　**地区**：中国
汉语水平：中级　　**课型**：文化活动
对象：多国别研究生　　**作者**：宋倩

案例描述

我是在校汉语国际教育专业研究生，因为课程需要，需要给留学生举办一个中国文化活动。本次文化活动，我和团队成员选择讲述清明文化。

在活动前期，我和团队成员决定将本次文化活动分为四部分。第一部分是清明节和风筝文化介绍，第二部分是风筝制作，第三部分是品尝青团，第四部分是到户外放风筝。这四项内容不仅能够充分训练学生听说能力，还能锻炼学生的动手能力，让学生在了解清明节和风筝文化的同时，更加直观立体地感受中国语言、文化、美食的魅力。因为考虑到组内成员有朝鲜学生，于是将第一部分改为中朝清明节文化介绍和各国风筝文化介绍。这样可以使同学们更加清楚地了解同属东亚文化圈的中外文化差异，但是我们也需时刻谨记文化不分优劣，尊重各国不同文化习俗。

同时我制作了宣传海报和视频，方便同学们宣传转发，吸引更多同学前来参加活动。

在活动准备阶段，我准备了一段各国风筝文化的介绍。其中涉及了韩国风穴风筝的介绍，这时同组的朝鲜同学提出风穴风筝是朝鲜的传统风筝。由于当日要参加活动的同学有一半来自朝鲜，因此我将此部分内容做了修改。

在第一轮准备活动资料时，团队成员什么都想讲，导致内容过多过难，在老师和同组留学生指出他们认为的难点所在时，团队成员将各部分内容进行了缩减，并增加了更多的图片和视频，帮助学生更好地理解。

活动海报

在活动的当天，我首先放了一段京剧节目视频《同光十三绝》，既帮助同学们打发了无聊的等待时间，也让同学们感受到中国京剧文化的魅力。

京剧节目《同光十三绝》

在讲解的过程中，也增添了互动的环节，让留学生读一些有关清明节的短诗，增强学生的参与度。并且为了使画出的风筝更有中国特色，我选取了带有中国古代神话故事图案的风筝。这样不仅可以让学生了解到更多的中国文化，也降低了画风筝的难度。并且在讲解完“后羿射日”“精卫填海”等神话故事后，通过表演让同学们来猜是哪个神话故事，无形之中增加了活动的趣味性。接着我及团队成员向学生们介绍了风筝的制作过程，先是通过观看视频学习，再是一对一地教授，当同学们看见一个布片和几根竹条在自己手中变成了一个个风筝时，都获得了成就感。在画风筝时，两人一组配合，选择自己喜欢的神话故事及图案，并在此过程中播放中国传统音乐，潜移默化让学生感受到中国古典音乐的魅力。几名同学用自己的想象力画出了五颜六色的孙悟空，也画出了可爱的哪吒。

学生绘制风筝

之后同学们一起品尝了清明节的传统食物青团。大家也拿着各自画的风筝拍摄了合影。由于时间和天气原因，最后未能去室外放飞风筝，但是同学们都说有机会一定要去放飞这个自己亲手制作的风筝。

同学们与风筝合影

案例分析

在活动准备初期，我认为把文化内容展示得越完整越好，但是却忽略了学生汉语水平存在差异，太复杂的内容对学生来说是一种负担，这样不仅会使同学们感受中国文化魅力的效果大打折扣，也不利于激发同学们进一步了解中国文化的热情。

因此，在活动的具体实施过程中，我也谨记这一点，合理控制文化介绍部分的内容量以及难度。兴趣是最好的老师，兴趣又与成就感挂钩，只有让学生们在活动过程中获得成就感，才能让他们在学习汉语、体验中国文化的路上走得更远。

此外，本次活动中涉及了文化之争。近些年来东亚文化圈文化之争屡见不鲜。我们要时刻记得，我们的主要职责是教授汉语，要尽量避免涉及文化争论问题。尤其本次活动中发生的问题还涉及了朝韩两国的历史问题。在日后的活动中，要先了解学生的国籍，避免在活动中引发不必要的争议。

刺绣任务未完成

案例类别：中国文化推广类　　**地区：**中国
汉语水平：初级　　**课型：**文化活动
对象：多国别研究生　　**作者：**张田田

案例描述

我是在校汉硕研究生，在校期间有一门课程叫作中华文化展示，要向留学生介绍中国传统文化，我考虑了很久，决定向留学生介绍中国的刺绣文化，因为只有一个课时的时间，刺绣文化涉及的内容又比较多，为了增强课程的趣味性，提升留学生对中国文化的兴趣，在课程的设置上减少了复杂的基本理论知识的讲解，老师只作为一个引导者，更多的是让留学生动手制作，参与其中。

在课程开始之前我做了很多准备工作，首先要挑选一款适合留学生的刺绣用品，经过一系列的筛选，我最后选定了既能反应中国文化又适合初学者学习的十字绣，对于刺绣图案的选择，选取了中国独有的十二生肖，使刺绣文化和十二生肖文化进行融合，并搜寻资料完成了整个课程讲解 PPT 的制作。

因为把刺绣文化与中国独有的十二生肖相结合，所以基本内容的讲解设置为两个方面，首先进行了十二生肖内容的讲解，十二生肖与十二种动物相关，我详细介绍了这十二种动物，在介绍的过程中和同学们做了简单的互动，询问他们是否知道自己的生肖。同学们都很开心，想要积极参与，但是问题也出现了，因为这个班级里的留学生中文水平比较高，对中国文化也比较了解，在我讲解完之后他们就提出了，能否详细地介绍一下十二地支是什么。还有十二地支与二十四节气，他们都特别感兴趣，想让老师详细地进行讲解，我在备课时考虑到课程的趣味性以及课程时间的限制，重点介绍了十二种动物，却没有过多搜集关于十二地支的相关知识，对于二十四节气也只是简单地了解，所以一时间不知道如何回答同学们提出的问题，只好找借口跟学生说因为时间问题，等下课了再详细解释。

接着我通过视频以及讲解的方式继续介绍刺绣文化，并引出了下一个环节——绣十字绣。但是在选择图案的时候却出现了问题，因为每种动物只有一个，有些同学没有选到自己喜欢的图案有些失望，在后面学习如何刺绣的时候兴趣不高。

紧接着又出现了一个比较严重的问题，因为这个班级里面的男生比较多，刚开始出于好奇，对于十字绣还比较有兴趣，但是绣了一会之后，就有一些同学的兴趣不太高，不想继续完成任务了，这样既浪费了十字绣工具，又没有达到预期的效果，本身很有趣的刺绣文化，却让他们觉得没有意思，我觉得很失败。

案例分析

这件事情以后，我反思了课堂中出现的问题，深刻明白了作为老师，要给别人一瓢水，自己先要拥有一桶水，不管课堂中是否有计划进行讲解，都要做好充分的准备，这样在课堂中才会尽量减少尴尬的情况出现。作为老师也要不断学习，不断丰富自己，充实自己。

在选取课堂讲解内容时虽然前期做了较为充分的准备，但是要更多地考虑学生的情况，我的问题就在于没有充分考虑学生的情况，其实任何的选题都没有问题，重要的是要动脑子创造有意思的课堂氛围，就比如说班上男同学较多，在刺绣设计上就可以采用分组的方式，组内成员共同绣一副简单的作品，在课程结束后送同学们一个简单的刺绣礼品，既能让同学体会刺绣的乐趣，又可以充分发挥团队合作的力量，也不会出现因没有选到喜欢的图案而不高兴的现象了。

在课堂教学中总是会出现各种各样的问题，这就要求老师要不断地提升专业素养，同时要提前分析课堂中会出现的各种问题，面对不同的学生要有不同的方案，这样才能呈现出比较完美的课堂，达到预期的效果。

一场汉语考试推广讲座

案例类别：中国文化推广类　　地区：澳大利亚
汉语水平：初级　　课型：推广讲座
对象：当地中文学校的老师和家长　　作者：张怡

案例描述

澳大利亚昆士兰大学孔子学院作为汉考国际在昆士兰州的三个汉语考试考点之一，一直以来都非常重视汉语考试在当地中文社区的推广工作。2020年初，我刚到孔院工作不久就接到了一个给当地中文学校做线下汉语考试宣讲的工作，讲座的对象是某中文学校的校长、老师和家长。在国内工作十几年，我一直是一线的汉语老师，给学生讲课我没有任何问题，但是想到要代表孔院面对那么多陌生的老师和家长，我还是感到了隐隐的压力。另外，在国内教学，我的教学对象都是成人学生，除了HSK，我对其他汉语考试的了解并不多，要让我系统地介绍汉语考试的种类、不同考试的用途、试卷的结构、参考的教材等信息，特别是要说清楚不同考试的特点以及对应关系时，我还真不知道该从何入手。但是考虑到这项工作的重要性，我还是决定要理清思路以更积极的心态面对。

我要解决的第一个问题是了解讲座的受众，确定讲座重点。通过和孔院领导的沟通，我了解到讲座主要面对的是中小学生的华人家长和中文学校老师，于是我把讲座的重点确定为更适合中小学生的YCT考试介绍，同时辅以HSK考试介绍，从而最大化满足不同家长和老师的需求。此外，在日常和中文学校的交流中我了解到，当地华人家长让孩子学习中文除了有继承传统语言文化的目的，更关心学习中文以及参加汉语考试可以带来哪些直接的“收益”，所以我也想在讲座中重点突出考试的用途这个方面。同时，当地很多华人家长受到澳洲教育理念的影响，不希望孩子承受过多的考试压力，所以我也想在讲座中突出YCT考试的低门槛和友好性。

我要解决的第二个问题是整合讲座的资源，制作宣讲材料。为了保证讲座内容的专业性和准确性，我上汉考国际的官方网站查阅了大量关于考试的资料，仔细研读样题和参考书目，根据自己的理解把 YCT 和 HSK 考试的重要信息制作成了 PPT。考虑到很多家长并不是业内人士，我尽可能以最直观的方法呈现，在 PPT 中加入了大量图片和表格，并以最通俗易懂的文字加以解释。制作 PPT 的过程也是一个梳理思路，不断检视的过程，一旦发现自己不太有把握的地方，我就联系汉考国际的官员反复确认，直到把讲座 PPT 修改到满意为止。

讲座的日子越来越近了，当我信心满满地告诉院长我已经准备好时，院长却遗憾地跟我说，由于突发的传染病疫情，出于公共安全的考量，我们的汉语考试推广讲座不得不取消。听到这个消息，我不知道是该高兴还是难过，毕竟认真准备了那么久，我还是希望把自己在这段时间对汉语考试的所思所想传递出去让更多人知道。不过疫情之下，很多工作都变成了不可能，我们也只好作罢。

讲座虽然没能如期进行，但是我对汉语考试的关注却没有停止。为了更好地了解 YCT 和 HSK 的特点，我利用课余时间把 YCT 2 级和 HSK 1 级词汇做了逐个比对。我想未来如果给家长展示 YCT 考试更适合孩子参加时，不谈题型特点、考试时长等，单就词汇这一个侧面就非常一目了然了。此外，我还密切关注国内一些权威机构的 YCT 示范课，把我了解到的课程资源信息加入我的讲座 PPT 中。

四月的一天院长跟我商量，既然线下推广因为疫情无法开展，不如我们就转为线上吧。我觉得这是个好主意，于是就联系中文学校准备开展一次从没进行过的线上讲座。说实话，讲座前我还是有些紧张的，一来担心网络设备可能影响效果，二来担心自己是不是能把准备好的内容以最清晰有效的方式传递出去。所以我还是重新调试了设备，演练了流程，并把要讲的内容熟悉了一遍。有了先期的准备，那天我们在 ZOOM 的线上讲座进行得非常顺利。我先是简单地介绍了一下自己：我是一名有十五年教学经验的汉语老师，有在韩国和澳大利亚工作的经历，目前是孔院的公派教师，过去十几年我的学生大部分是成人学习者，我对青少年汉语学习者和青少年汉语考试的了解还比较有限。我想通过这个部分一方面体现自己在汉语教学方面的专业性，另一方面也坦诚地和听讲座的人分享自己的不足，以一种共同交流的心态开展当天的讲座。之后我按照提前准备好的 PPT 依次介绍了 YCT 考试的定义、用途、种类，然后详细分析了考试的结构和题型，展示了部分样题，之后又讲到了报名和成绩查询的方法以及官方教材等内容。同时重点讲到了考试的用途，这也是很多家长最为关心的。在 Q & A 环节，有老师问到 YCT 和 HSK 的等级对应关系，我用一张图表回答了这位老师的问题；还有老师关心 YCT 是否有示范课的资源问题，我也用平时积累的资源素材给了这位老师一个满意的答案；有家长问到

YCT 考试的词汇和 HSK 考试有什么区别时，我以 YCT 2 级和 HSK 1 级词汇为例向家长展示了二者的异同，分析了 YCT 考试对青少年汉语学习者的友好性。这些都是我在准备这场讲座前早已烂熟于心的。

这场讲座后，孔院收到了很多关于讲座的反馈和关于 YCT 报考的问询，之后又有两个中文学校联系我们，希望我们在合适的时间也为他们进行汉语考试的相关线上讲座，我想这也在一定程度上证明了我们的线上推广工作是成功和有影响力的。

汉语考试的推广语是“走进中国，从这里开始”，作为一名公派教师，作为一名汉语的国际传播者，我也想自信和骄傲地说“走进汉语，走进中国，从我开始，从我们的点滴工作开始”。

案例分析

汉语和汉语考试在海外的推广不是一件容易的事情。作为公派教师，我们要充分了解当地社区汉语学习者的学习动机、学习习惯，了解他们对汉语和汉语考试的相关需求，为他们提供最切实的帮助和最优质的资源。

此外，孔院工作对公派教师的要求是全方位立体化的，除了教学工作外，还需要老师具有新闻宣传、活动组织和考试推广等多方面的能力，这就要求老师要勤于学习、勤于沟通、勤于反思。学会创造性地开展工作，把握好每一个推广汉语和汉语考试的机会。

线上多元非遗

案例类别： 中国文化推广类　　**地区：** 中国
汉语水平： 中高级　　**课型：** 文化推广课
对象： HSK 5 级以上的留学生　　**作者：** 贾艺聪

案例描述

本节课为“中国非物质文化遗产”系列微课的最后一节总结课。在课程开始之前，听课的十名留学生已经自行学习了我录制的“布老虎与家文化”（布老虎制作技艺）、“人与自然篇”（根雕雕刻技艺）、“工匠精神篇”（玉石雕刻技艺）、“面塑创新篇”（传统面塑技艺的现代化创新）、“家乡的味道篇”（天津煎饼馃子制作技艺）、“太极文化篇”（太极拳法介绍）等六节中国非物质文化遗产课程。我希望通过系列微课，让更多的留学生了解中国，了解中国的非物质文化遗产。

因为是第一次为留学生讲解中国非物质文化遗产，所以有一定的授课难度，我希望通过引导留学生学习中国的非物质文化遗产，让他们理解中华文化背后所体现的中国人的传统价值观念，所以课程仅针对 HSK 5 级及以上，或者掌握 2500 个及以上词汇量的中高级汉语水平的外国学生。此类学生有一定的汉语基础和对中华文化的认知，能够更好地理解和吸收课程知识。由于新冠肺炎疫情原因，我选择采用线上教学的方式完成最后一节课，以检验同学们的学习效果。

在国际教育学院的智慧教室，我将 PPT 通过某平台播放给各位留学生。课程开始，首先带领各位同学复习回顾了六节系列微课，告诉大家非物质文化遗产与物质文化遗产不同，非遗是看不见摸不着的，并且为大家举了“布老虎制作技艺”的例子，十位留学生都表示可以听懂。接着，我通过向大家提问来检验同学们的学习效果，这时我发现有一些留学生其实对玉石雕刻、面塑制作这些平时不常见的文化现象是一知半解的，并没有真正弄懂，更不要说理解背后蕴藏的中国传统价值观念了。接着我让大家讲讲各自国家的非物质文化遗产，来自印度尼西亚的丽恩同学介绍了印尼非常有名的蜡染技艺；阿根廷同学虎安介绍了阿根廷的探戈舞……在这个过程中，大家的兴趣明显更加高涨，这让我更加坚信，在给留学生上课时应该多和他们互动，寻找课程知识和留学生自己国家文化相关联的地方，这样既可以帮助他们在异国他乡找到归属感，又可以巧妙而不生硬地将中国非物质文化遗产传播给大家，是一举两得的授课方式。课程结束后，我在微信群里发放了授课效果调查问卷，参与本次线上课程的十位留学生填写了该问卷。我在查看问卷时我发现，有些留学生认为我讲解清楚了，有些认为并没有讲清楚。在“对教师建议”一栏，有两位留学生分别填写了“老师情感流露较少”和“课程有些无趣”。

案例分析

本节课为“中国非物质文化遗产”系列微课的最后一节，我主要想通过这节课复习检验留学生的听课效果。在课后调查问卷中，有些留学生认为我讲解清楚了，有些认为并没有讲清楚。其实很多学生碍于情面不会在课堂上直接说自己没听懂，应该通过更加详细的提问和课后调查来检验授课效果，这也提醒我下次授课时应该讲得简单一些。

另外，在调查问卷中有学生认为教师的情感流露较少，课程也比较平淡，我对此进行了课堂反思。第一，线上和线下授课会有不同之处，教师在线上教学中情感更不易流露，也缺乏与学生的互动。因此在安排线上课程时更应该注重授课状态和语言风格。应该比平时上课状态更加积极一些，语速稍放慢一些，这样学生更易掌握。第二，线上文化教学更应该采用实物、图片、视频等方式多元地向留学生讲解，更易激起他们的听课兴趣。第三，文化类课程一般讲解得都较为浅显，此次授课讲到了中国的非物质文化遗产，大部分同学觉得和自己平时接触到的中国文化有所不同。多讲一些文化知识是很有意思的，但是像玉石雕刻、面塑制作等就比较难懂，其中蕴含的中国传统价值观念，理解起来也有一定难度，这提醒教师内容创新也应该有“度”，要把握好课堂知识深度。通过本次线上课程的复习回顾，我收获了许多授课经验，意识到应该多了解留学生的意见和看法，才能把课讲得更好！

有用与无用

案例类别： 中国文化推广类　　**地区：** 中国

汉语水平： 高级　　**作者：** 王乐颖

对象： 汉语国际教育研究生

案例描述

我是一名跨文化教育的在校研究生，平时除了学习汉语教育教学方面的知识外，还会跟随自己的导师学习中国传统文化，特别是民俗类知识。虽然我没有真正意义上给留学生上过课，但是平时和留学生的接触也比较多。在过去一年中举办的非物质文化遗产传承人群研培计划中，有几位留学生也参与到其中，面对精巧的非遗工艺，他们各自发出感叹，赞美中国传统文化的魅力。他们不仅观摩了一件精美的非遗作品诞生的过程，还亲自上手体验了一番，这次体验提高了留学生对中国传统文化的认知，使他们不再拘泥于武术、剪纸这类比较常见的中国符号形象。我原本以为留学生对中国的传统文化都是非常感兴趣的，直到一次比赛，让我产生了疑惑。那是一场汉语教学大赛，根据比赛要求，我和几位同学组成团队，这其中包含一位留学生。

在对比赛内容进行讨论时，几位队员都说明了自己的想法，拟定根据传统文化这个主题展开来讲，特别是传统文化中的非遗项目，例如布老虎、面塑、木雕、葫芦雕等等。我注意到，在讨论的过程中，几位中国同学各自表达想法，只有这位留学生坐在角落里一言不发，被问到时才会应和几句，在讨论结束后，这位同学终于说出了自己的想法。他觉得非遗对留学生而言是无用之物，学习非遗不能为留学生学习汉语读懂中国带来切实的帮助。这样的观点一说出，在场的中国同学愣住了。确实，非遗种类繁多，可能只有接触到深层文化内核的外国友人才会对它感兴趣。最后，团队决定先做出几节课，看看样子，留学生同学也同意了这个决定。在参与到整个制作过程之后，这位留学生同学逐渐改变了自己的想法，和中国同学的交流与合作也越来越多，对中国文化的理解也渐入佳境。在比赛的最后，他也慢慢喜欢上了多姿多彩的非遗项目，着实感受到了中国民间文化朴素的内涵，对中国文化的理解也不再用有用与无用来区分。

案例分析

很多留学生在初到中国时，学习汉语往往带有功利性，如何使他们浸润到中国传统文化当中去，是一个值得深思的问题。有时候，有用与无用的划分来自于能否接触到这项事物，在这个案例中，让觉得非遗无用的留学生亲身参与体会，通过课程的逐步讲解分析，消解对文化的误解。在进行跨文化交际与文化教学时，不能采取强硬的措施与态度，而是要润物细无声，给学生提供可行选项，这样才能更好地使留学生了解中国文化，读懂中国。

为武汉加油，为中国加油！

案例类别： 跨文化交际类　　**地区：** 泰国
汉语水平： 初级　　**课型：** 综合课
对象： 泰国高一学生　　**作者：** 周子晗

案例描述

我记得自己很迅速就适应了泰国生活，直到结束也没有经历什么挫折，一直都处于好奇之中，刚来第一天就拉着小伙伴们去周边闯荡一番，去逛了超市，去湄南河的岸边吹了晚间清爽的风，去当地的小市场买了猪脚饭，虽然语言不通，但凭借一股闯劲，凭借一颗好奇心，我们逐渐习惯了在这里的生活和工作。日子就这样平静有序地进行着。直到我们快回国的时候发生了一件事情，这件事情给我们带来了冲击，但是也带来了冲击背后的感动。2020 年 1 月，新冠疫情在中国暴发，传染速度之快难以想象，中国人民众志成城，为战胜疫情做着努力。身处海外的我们心里非常难受，担心在家的父母、亲人、朋友。 随着疫情的加重，也波及了泰国，在网络上看到同为志愿者的小伙伴们最近生活的变化，他们说明显感觉学生已经同自己疏远了。

我不禁也开始担心我在泰国最后几个月的生活，毕竟之前那么美好，所以我做足了准备，给自己进行强大的心理建设，暗示自己即便他们疏远自己也是正常的，毕竟做好防护才是最重要的。有一天，我进入课堂，还没有张口说话，跟我朝夕相处的工作伙伴，一名热心肠的本土汉语教师走进来了，她用泰语很严肃地告诉同学们说："我们的中国老师没有回过中国，所以你们不要害怕中国老师。"她说了很多，我虽然泰语不好，但是一些熟悉的词语串联在一起，我也能猜出来大概意思，更能直观地看到这背后的用心，一瞬间我的担心和疑虑都烟消云散了，只有温暖在心间流淌。学生们已经不再对我们有戒备，仿佛一切都没有发生。 我感动他们为我们做的一切，他们用实际行动守护着我们，我觉得自己应该做些什么，最起码能做到的就是说实话，做实事。于是，我根据志愿者小伙伴做的科普新型冠状病毒的PPT，给学生们播放讲解，不煽情，不夸张，只说事实，只办实事。

当这一段生活接近尾声，我很想好好地和学生告别，但是又不想在学生面前失控，所以我把千言万语藏在了心里。我们拍了合影，录了小视频，让这份特别的美好留存在心中，成为我们共同的记忆！

案例分析

当出现疫情的时候，我的内心是慌乱的，担心远处的亲人朋友，担心那座生病的城市，也怕有泰国学生拿着翻译软件让我看“老师，中国人吃蝙蝠吗？”我不知道怎么回答，只能说：“不是的，这种病不是因为吃蝙蝠才得的。”当时，因为病毒来源尚未查明，很多泰国学生会有很多奇奇怪怪的问题，我只能用微笑掩饰自己的尴尬。幸好，泰国本土的汉语教师会为我们解释，并且安慰我们不要怕，还赠送了几盒医用口罩，让我们做好防护，因为当时曼谷也发现了病例，管理老师会叮嘱志愿者们不要外出，每日检测自己的体温，如有异常，及时上报。当听到国内战“疫”打响，国人展现出一方有难，八方支援的民族精神时，我们的内心是无比自豪与激动的，也有了信心向学生们解释：“中国的一座城市生病了，但是病总会好的！”他们也会微笑致意，然后用刚学的“流行语”说：“中国加油！武汉加油！”

在课堂上听到“眯眯眼”，我为什么不生气？

案例类别：跨文化交际类	**地区：**俄罗斯
汉语水平：不限制	**课型：**课外辅导
对象：7~12 岁俄罗斯学生	**作者：**林静（俄罗斯）

案例描述

涂老师来自黑龙江省哈尔滨市，她从小就非常有语言天赋，在本科学习期间，选择学习的外语是俄语。到了读研究生的时候，她对对外汉语教学特别感兴趣，所以选择了对外汉语专业。2013 年 2 月她以交换生的身份来到圣彼得堡大学，这是她第一次来俄罗斯。在那里她发现很多俄罗斯人都想学习汉语，她当时就想，应该充分利用自己的专业特长，为传播汉语做一些贡献。所以她找到了圣彼得堡大学孔子学院的俄方院长，向他表达了自己的心愿。涂老师想作为一名志愿者，在孔子学院帮忙、实习。涂老师就这样开始了她的对外汉语教学历程，开始传播中国文化。那时候她就在孔子学院帮孔子学院的老师代课、组织活动。后来留在圣彼得堡大学做对外汉语教学工作。孔子学院的学生是不限制年龄的，有的学生是中年人，有的是大学生，也有的是中学生。涂老师会根据学生的特点来安排教学，满足学生的需求，因此受到学生的欢迎，她的教学工作是充实而愉快的，但也会遇到不愉快的事情。

涂老师知道在一些欧洲国家中国人有可能被讥讽为“眯眯眼”，她在俄罗斯已经工作八九年了，只听到过一次这样具有歧视性的词汇。有一个学期她被同事拉去一个课外辅导班上课，班里的学生都是武术学校的，年纪在 7~12 岁之间，大部分学生都是男生。有一次上课的时候一个最调皮的男孩说了一句“узкоглазая”（俄语眯眯眼的意思），涂老师听得懂俄语，学生也知道，但是涂老师装作没听到继续上课。在涂老师的心里一点儿也没有生气的感觉。为什么她不生气呢？有几个原因。第一是她知道，7~12 岁的学生很调皮，平时上课时就喜欢闲聊、开小差，各种脏话都会从嘴里蹦出来，“узкоглазая”只是其中一句，所谓“常与智者争高下，不与小人论高低”，她觉得没有必要跟欠缺教养的小孩子计较。第二是容貌自信，虽然涂老师的眼睛没有俄罗斯人的大，但也长得很漂亮。

虽然涂老师不生学生的气，但给他们上课确实很不愉快。上完一个学期后她坚决辞掉了这个辅导班的工作。

涂老师非常喜欢教汉语，从 2013 年开始一直在教汉语，她在学校里上课，也做家教，还做一些兼职的工作，虽然遇到过一些不愉快的事情，但是她并没有离开过这个行业。涂老师已经熟悉了俄罗斯的环境，特别是圣彼得堡大学的环境，现在她不想离开这个环境。也是因为涂老师有俄语背景，很了解俄罗斯的文化，教汉语时在课堂上更容易跟学生交流，了解他们的心理特点，可以更好地教他们汉语。

案例分析

一个人到别的国家去工作或者学习，有可能会遇到一些歧视行为，要提前做好心理准备。涂老师的经验值得我们学习，每个国家都有不懂礼貌的人，但是这样的人是少数，涂老师在八九年的教学经历里只遇到过一次这种事情。作为老师，遇到这样的事情，老师不能急躁，要冷静理智地处理。第一，要控制自己的情绪，不能发生冲突，但是必须向他传递一个强硬而坚决的信号：请他立刻停止他的行为，并且道歉。或者跟涂老师一样，装作没听到继续上课，不给学生继续说脏话的机会。第二，及时和这个孩子的家长沟通，因为这位老师在国外工作，可以把这个情况及时反馈给学校的院长或者当地老师，他们会用母语沟通。这样可以看一看这个孩子的家长是什么态度。希望每位老师在他们对外汉语教学的经历中都不会遇到不尊重老师的学生。

当“中国速度”遭遇“东欧速度”

案例类别： 跨文化交际类　　**地区：** 斯洛伐克
汉语水平： 初级　　**课型：** 综合课
对象： 斯洛伐克（尼特拉）农业大学学生　　**作者：** 张长会

案例描述

时下，很多中国人都有一种“时不我待”之感，拼命向前、奋发求进，我们的脚步一刻也停不下来。风气所致，身处其中的每个中国人好像永远迫不及待。我们也把这种习惯带到了海外。不过，“中国速度”在海外的某些国家被大大地降速了，而且是不得不降，我所工作的东欧小国斯洛伐克就是其中一个。

刚到那里不久，负责人告诉我，汉语课是学分选修课，应该按照学校的规定准备一份教学大纲并上传到学校网站上。开学在即，我马上加班加点赶制出一份英文教学大纲。当我跟负责人说大纲已经准备完毕，何时能帮我上传之时，负责人提到，上传大纲之前，需要先向学校教务处提出开课申请。申请已经报上去了，不过尚无任何回应，咱们 zajtra 吧。斯洛伐克语 zajtra 就是“明天”的意思。这是我刚到斯洛伐克最熟悉的一个词，因为每次去找负责人，负责人打电话以后得到的回复几乎都是“目前比较忙，zajtra 吧”。数次 zajtra 后，虽说大纲正常上传了，不过，马上就开始新学期了。我并不清楚学生在选修这门课时是否认真看了教学大纲。如果学生注册这门课并不以我上传教学大纲为前提，我的“火急火燎”是不是有点儿多余了呢？

2015 年暑期，我所教的学生参加了一次中国文化体验之旅。等他们回来以后，我提及想举办一次“中国之行图片展”，希望他们能分享一些在中国拍摄的各种精美图片。学生答应得很痛快，不过，实际做起来却是漫长得不能再漫长的一个过程。虽说只是筛选图片加上发送邮件这样一个简单的过程，我却足足等了三个月，有些学生我甚至催促了四五次。这是对“中国速度”的严重“挑衅”。当我跟某些当地人提起这件事时，他们只是云淡风轻地说“这就是斯洛伐克”。

教室里的一组照明灯坏了。汉语课都在晚上，所以我首先发现这个问题。问题不是多么严重，但教室的亮度确实受到了影响。我跟负责人提出更换照明灯的事。负责人很快跟我确认，“照明灯确实坏了”，他们会通知电工来换的。转眼一周过去了，又一周过去了，第三周也过去了。第四周的那个晚上，雪上加霜的是，又有一组照明灯坏了。这下，教室里的亮度明显不够了。当我跟负责人第 N 次提及这件事的时候，得到的回复是，购买灯具需要一段时间，所以我们还得等一等。好在这里的学生没那么挑剔，也是轻轻地一句：这就是斯洛伐克。

“中国速度”的核心是“快速、及时、高效”。这三点，在斯洛伐克这个小国没有太多体现。他们已经习惯了“任何事都可以等一等”，不管与其打交道的中国人多么着急、多么焦虑。虽然如此，中国人的“快速”是停不下来的，即使被迫“降速”，惯性也会推动中国人“快速、及时、高效”地做完每件事。在斯洛伐克，也许唯一能采用的办法就是时不时地去提醒了。

案例分析

国际汉语教师身处国外，一定要了解对象国人的行为处事习惯。这样我们才能比较愉快地跟当地人进行交际。每个国家都有自己的一套做事逻辑，这是历史形成的，他们自己似乎也无法改变。身为外人的我们只有不断地去适应当地人的“逻辑”，这样的跨文化交际更有可能成功，交际起来更轻松。“中国速度”是不争的事实，这是中国历史和现实共同作用的结果。在国内，我们中的大多数已经习惯了“今天的事今天做，明天的事今天考虑”，要争取“一天一结”，不要过夜。我们都适应了“被别人催促”，我们自己也常常“催促别人”，大家都习以为常。不过，有些国家没有中国这样的“焦虑感”和“紧张感”，他们做起事来不紧不慢，优哉游哉，相信总有做完的那一天。当中国人用“中国速度”与其打交道时，不但我们自己不适应，也许他们也不适应。所以，中国人适当地“降速”是非常有必要的。如果以“中国速度”去要求其配合，有时不但达不到效果，还会使其故意避开跟中国人打交道。

起一个“很中国”的名字

案例类别：跨文化交际类　　**地区**：斯洛伐克
汉语水平：初级　　**课型**：综合课
对象：斯洛伐克（尼特拉）农业大学学生　　**作者**：张长会

案例描述

Kováè Rudolf 是斯洛伐克农业大学的一名学生。第一次上汉语课时，我告诉他“你的中文名字叫卢多福”，并把签名亲手递交给他。他特别礼貌地手捧名签，认真地问我：“老师，这就是用汉字写的名字吗？”原来，他对汉字的魅力甚至是“魔力”早有耳闻，一直想拥有一个属于自己的中文名字。紧接着，他又好奇地问：“我的中文名字有什么意义吗？还是只是音译？”我告诉他，“卢多福”这个中文名字来自 Rudolf 的音译，但又不纯粹是音译，因为这个名字有很多中国“讲究”，当然是有意义的。首先，“卢”是一个很地道的中国姓氏，中国人都不陌生。其次，“多福”更是中国人执着追求的一个愿望，希望生活多一些幸福，可能也是一种共同价值。只不过中国人更愿意在代表一个人的名字中赋予其崇高的意义。卢多福同学以前对汉字文化有一点儿了解，他也知道给孩子起名字寄予了全天下父母的殷切希望，所以他对自己的中文名字特别满意，迫不及待地想跟我一笔一画地学写自己的中文名字。我进一步告诉他，中国人很相信“字如其人”，一个人书写方式和水平可能在某种程度上代表了这个人本身，所以努力把自己的名字写好、写漂亮是所有中国人的追求，哪怕他只会写自己的名字，不会别的汉字。这更进一步激发了他的兴趣，想从自己的名字入手学习如何写好汉字。他早就听说过中国书法，也亲眼看见过，更想尝试一下，特别是用毛笔在大大的纸上写出自己的中文名字。我安抚他说，学习用毛笔写字不着急，应该先用硬笔把汉字练好，再尝试用毛笔书写。除此以外，以后还可以简单地学一下中国篆刻，用刀在坚硬的石头上刻写自己的中文名字，做成印章。这些都是“很中国”的做法，也是汉字符号典型的衍生品。听了我的叙述，卢多福满怀期待，改变了自己当初学汉语只想学口语的想法，而是想深入地接触一下汉字，特别是汉字书写这方面。

案例分析

汉字难学可能是外国人对汉语的普遍印象，不管是偏见还是事实。被“汉字难学”吓阻更是很多外国人不愿意接触汉语的一大原因。所以，如何引导学生不畏惧汉字，甚至喜欢汉字是国际中文教育领域的一项重大课题，也是摆在每位国际中文教师面前的一道难题。案例中我把汉字学习、中国文化甚至学生的潜在社交需求紧密地结合在一起，很有借鉴意义。名字是一个人的外在符号，无论中外都备受重视。利用学生中文名字引起学生学习兴趣的做法非常实用，因为它很生活化，同时复现率高。以“起中文名字”为契机，不但可以很好地融入汉字文化，更能给学生打开一扇窗，使其对汉字学习不再那么畏惧。如果能结合中国传统书法和篆刻，可谓“一石多鸟”。

古代汉语“三结合”教学法案例实录

案例类别： 中国文化推广类　　**地区：** 中国
汉语水平： 中高级　　**课型：** 综合课
对象： 汉语言本科三年级留学生　　**作者：** 郑依鹤、牛倩

案例描述

牛倩副教授是天津大学国际教育学院的专职教师，在国际中文教育领域的主要研究方向是中华文化与传播、跨文化交际学，常年承担汉语国际教育硕士核心课程中华文化与传播、汉语言本科课程古代汉语等的主讲工作。

牛老师自 2012 年承担古代汉语课程教学人物迄今已逾十载，该课程不仅是通过天津大学课程验收的优秀课程，而且多次在教学比赛中获奖。通过多年的教学与研究，牛老师总结并提出一套适合国际学生行之有效的古代汉语“三结合”教学法，即古代文献与现代考古相结合、语言教学与文化教学相结合、理论与实践相结合。下面以李禄兴先生主编的《今用古代汉语》下册第二课“倾城倾国”的教学实录为例，呈现此套古代汉语“三结合”教学法的实操过程。

一、古代文献与现代考古相结合

牛老师首先以西汉海昏侯墓葬考古实绩导入新课。课程通过视频展示墓室结构与精美陪葬品，结合 PPT 做生动讲解，西汉王朝的繁华与墓主人的文人雅趣清晰呈现在国际学生面前。各国留学生惊叹之余，无不欣羡千年以前的中国古代文明。

此环节激发了学生的好奇心与求知欲。留学生们被中国千年前的文明所震撼，渴望了解更多的西汉故事。而海昏侯刘贺恰恰是课文故事的主人公——赫赫有名的汉武帝与倾城倾国的李夫人的嫡孙，其父正是汉武帝与李夫人唯一的儿子昌邑哀王刘髆。课文节选自《汉书・外戚传上》，讲述的是汉武帝与李夫人初相识的情景。至此，导入部分结束，正式教学开始。

二、语言教学与文化教学相结合

《汉书》中记载了汉武帝刘彻的三位皇后：陈皇后、卫皇后（字子夫）与李夫人。前两位皇后为生前废立，李夫人为武帝驾崩之后追封。

李夫人之所以能够在汉武帝的心目中占据着特殊的位置，不仅仅因其风华绝代，更由于她明智与聪慧的临终决断。李夫人虽然生命短暂，却为中国文化史留下了倾城倾国、绝世佳人、姗姗来迟三个成语，并成为经典的文学形象不断为后世诗文所征引。

牛老师以通俗的现代汉语将李夫人的故事讲述给学生听，有效激发起学生浓厚的学习兴趣。再以倒叙的方式，回溯开篇，直接进入课文，逐字逐句地讲解汉武帝与李夫人的初相见。这样的课程设计意趣盎然，讲解课文，字、词、句意之时，学生耐心听讲，与老师积极互动，课堂气氛十分活跃。

三、理论与实践相结合

经过牛老师妙趣横生的讲解，各国留学生意犹未尽。李夫人今何在？是否已湮没于历史的尘埃中？是否还留下些许遗迹可供后人凭吊？这些带有“探索与发现”性质的话题，更能激励学生做好课后复习与深入调研。

因此，牛老师趁热打铁，布置了“探寻李夫人香冢”的课后作业，并让留学生们在下节课开始前展开讨论。同学们自愿分组，积极参与课后实践活动。

每年讲授此课均十分成功，学生收获颇丰，反响强烈。很多留学生表示，今天的古代汉语课非常有趣。这样的古文课不仅学习了汉语知识，还激起了他对中国文化的热爱与好奇，如果有机会，一定会去现场亲眼看一看李夫人的陵墓。

案例分析

逐字逐句的释义是古代汉语精讲的规范教法，单用此法却难以调动留学生的课堂气氛。要令国际学生体会到学习中国古代汉语的乐趣，教师需以恰当的方式将相关文化知识引入课堂，令留学生觉得古代的知识并非与现代截然分离，而是深深融于现代生活之中，并不遥远。牛老师除字、词、句意的细致讲解之外，还特意为本课设置了考古实绩、历史本传、文化旅游三方面的相关知识拓展，取得了极佳的教学效果。将书本上的知识与现实生活直接建立关联，势必大大增强留学生学习汉语的成就感。旅游，是国际学生共同的爱好。寻访古迹，正是古代汉语课程与历史文化主题旅游的最佳结合点。有朝一日当学生到茂陵旅游，亲眼见到李夫人的陵墓时，历史变得如此鲜活，似乎触手可及。中华文明如此真实而亲切，这正符合我们培养“知华、友华、爱华”国际人才的教育理念。希望牛倩副教授提出的这套古代文献与现代考古相结合，语言教学与文化教学相结合，理论与实践相结合的古代汉语“三结合”教学法能够对同类课程建设有所裨益。